中澤伸弘

令和の皇位継承

諸問題と課題

展転社

はじめに

令和二年四月に皇嗣殿下の「立皇嗣の礼」が終はると、御譲位から始まつた一連の御即位に関する御大典の諸儀が完結する予定でありました。しかしながら武漢肺炎禍の影響を受けて「立皇嗣の礼」は延期され、その目途も立つてゐません。それでもこれらの諸儀の報道や実際の体験を通して多くの国民があらためて天皇・皇室といふものについて知る、考へる、学ぶといつたよい機会となりました。そして日本といふ国がどのやうな国なのかと感じたことでありませう。そのやうな御代替はりも祝意の蔭に実は大きな課題を次代に残しました。

葦津珍彦（うづひこ）先生の門下で、天皇論をお書きになられた老先生にお会ひするたびに「中澤君、大変な時代になりましたよ。まさかこんなになるとは思ってゐませんでしたよ。長生きしてどうしてこんなに悩まなくてはならないのか。もちろん皇室の問題ですよ」が会話の冒頭に出るやうになつてから、もう十年は経過しました。老先生は令和の時代を迎へて、九十歳を越されてもまだまだお元気で矍鑠（かくしゃく）とされておいでですが、常に即位に関する皇室の問題、殊に男系による皇位継承の不安をおつしやつてゐます。私もこれと同じ思ひがあります。老先生は次に「どうしてこんなことになつてしまつたのかね。日本は」と話され、大きく嘆息されるのが常となつてをります。それ以来私は皇室問題を更に深く考へるやうになりました。

昭和から平成への御代替はりの頃までは、右と左と相手が明確でありました。共産党は「天皇制廃止」を訴へ、「戦犯裕仁」を唱へ、社会党もまだまだ元気な時代でありました。当時の大人たちは戦前の教育を受けた人たちですから、反対する側も、賛成する側も、好感嫌悪のいづれであれ天皇や皇室についての基本的なことは身についてゐました。ですからお互ひが理論武装し、三島由紀夫が文化として天皇をとらへるのに対し、憲法を翳(かざ)し法制度などの上から対峙するやうな構造がありました。だから守り方も攻め方も明らかでした。過激派が暴挙を繰り返し、平成の即位の礼の当日には各地の神社が焼討ちにされたり、皇居に迫撃弾が打ち込まれるなどの騒ぎもあり、緊迫した時代でもありました。

あれから三十年、今回の令和への御代替はりは実に穏やかで、嘗てそのやうなことがあつたことを忘れさせるやうなものでした。しかし実際には反対派が一掃されたわけではなく、相手が見えないもつと難しい時代となつてゐたのです。現在の皇室をとりまく様々の問題は、戦後になつて「天皇」を「日本国の象徴」とし、「象徴」であるとばかり教へ、天皇や皇室の本質に正面から向き合ふことをせずに七十五年もの間放つておいたことによるのです。その間天皇や皇室に関する思考は、「日本国憲法」のもとに麻痺し、それが天皇や皇室に対する無知や無関心、または忌避や嫌悪などの思ひとなり、その場の応急手当、緊急療法で切り抜けてきたのです。

現代を牽引してゐる大人たちは、そのほとんどが戦後の教育を受けた者です。かういふ私もその一人ですが、天皇や皇室については自ら学ばない限り、誰も教へてくれない環境で育ちました。ですから皇位の尊厳や天皇・皇室の本質や儀礼の本義といふものが各人それぞれに温度差があつて曖昧で、表立つて過去の過激派を信奉してゐる人は稀になり、共産党でさへも天皇制の容認をいふ時代となりました。そして天皇・皇室に関することが「何もそんな難しいことを考へなくても」といつた、曖昧な感覚で論じられるやうになつたのです。「女性天皇、いいぢやない。男女同権の時代よ、よくわかんないけど女系だつていいのよ」「大嘗祭の費用を、その屋根を茅葺きから板葺きにすることで、これだけの費用がおさへられ……」と。挙句の果てには皇族が「大嘗祭は神嘉殿でやればいい」と仰せられたりと、上から下まできちんとした本質や本義を知らない結果、保守と革新が混在し、表面上では峻別できない状況になつてゐます。好き嫌ひ、敵味方がはつきりしてゐた時代ではなく、保守と思はれる方が女系論者であつたり、本来皇室を御護りする保守政党や宮内庁までもが女系容認論を真面目に考へたり、あらゆるところで「まあいいか」といつた安易な風潮に流されてゐます。新たに天皇陛下の御相談役である宮内庁の参与に、女系容認論者であり、拉致問題を斬り捨てた方が就任するなど悪意のあるやうな不思議な人事が平然となされてゐます。マスコミも事実の報道より情報操作に意を注ぎ、何が本当かわからない状況です。

さすがに戦後七十五年も経過すると様々なことがあつて、その一つ一つが前例となつたり、またその前例が覆されたりと、これも定かではなかつたりします。男系による皇位継承といふ大きな大きな問題も「立皇嗣の礼」のあとにやつと重い腰があがるやうです。御譲位の問題もさうでありましたし、令和の御即位、大嘗祭に関しても一見何事もなかつたかのやうに思はれてしまひますが、ここにも大きな問題が見え隠れしました。

結局、「日本国憲法」下の天皇のあり方を模索すれば、行き詰まりが見えてきます。この行き詰まりを打開するには、我が国の歴史を紐解くしかありません。ところが歴史は科学であるから神話との関係や連続性を絶たれ、一方で憲法との整合性を求めるばかりに矛盾を抱へることになります。そこで、神代の神話が大きな意味を持つてくるのですが、そこから目をそむけてゐては、問題は何も解決できないのです。

神話から説き起こす我が国の歴史は、非科学的で歴史とはいへないのかもしれませんが、天皇、皇室に伝はる神器もさうですが、皇室ゆかりの神社がやはり神代の伝承による祭祀を今日も斎行してゐる以上、神話とどう向き合ふかといつた問題に向き合はねばなりません。しかもその神話は戦後長く封印されたまま、日本人は自らの国の成り立ちを壮大な発想で描くこの神話を知らずに過してきました。そろそろこの呪縛を自ら解く時代が来ました。

私は所謂、象徴天皇制に異議を唱へる者ではありません。ただ皇室の歴史は長く、象徴天皇制の下でも国史に根ざすものについては柔軟な対応が求められてしかるべきだと考へてゐます。本書はそのやうな観点から、男系継承と平成から令和への皇位継承に関する問題点などについて纏め、次代に向けて解決すべき諸課題を発信するために書きました。「立皇嗣の礼」のあとに始まる安定的な皇位継承についての議論の前に是非とも一度本書を繙いて下さることを願ひます。老先生や私の憂憤を次世代が経験しないやうに更なる改善の糸口を探つてくださればば有難いものです。

令和二年　初夏

柿之舎（かきのや）　中澤伸弘

令和の皇位継承——諸問題と課題◎目次

第二章　譲位即位関係の問題

第三章　改元と元号問題

第四章　即位礼

第五章　大嘗祭

平成二十八年八月のおことば

戦後七十年という大きな節目を過ぎ、二年後には、平成三十年を迎えます。

私も八十を越え、体力の面などから様々な制約を覚えることもあり、ここ数年、天皇としての自らの歩みを振り返るとともに、この先の自分の在り方や務めにつき、思いを致すようになりました。

本日は、社会の高齢化が進む中、天皇もまた高齢となった場合、どのような在り方が望ましいか、天皇という立場上、現行の皇室制度に具体的に触れることは控えながら、私が個人として、これまでに考えて来たことを話したいと思います。

即位以来、私は国事行為を行うと共に、日本国憲法下で象徴と位置づけられた天皇の望ましい在り方を、日々模索しつつ過ごして来ました。伝統の継承者として、これを守り続ける責任に深く思いを致し、さらに日々新たになる日本と世界の中にあって、日本の皇室が、いかに伝統を現代に生かし、いきいきとして社会に内在し、人々の期待に応えていくかを考えつつ、今日に至っています。

そのような中、何年か前のことになりますが、二度の外科手術を受け、加えて高齢による体力の低下を覚えるようになった頃から、これから先、従来のように重い務めを果たすことが困難になった場合、どのように身を処していくことが、国にとり、国民にとり、また、私のあとを歩む皇族にとり良いことであるかにつき、考えるようになりました。既に八十を越え、幸いに健康であるとは申せ、次第に進む身体の衰えを考慮する時、これまでのように、全身全霊をもって象徴の務めを果たしていくことが、難しくなるのではないかと案じています。

　私が天皇の位についてから、ほぼ二十八年、この間（かん）私は、我が国における多くの喜びの時、また悲しみの時を、人々と共に過ごして来ました。私はこれまで天皇の務めとして、何よりもまず国民の安寧と幸せを祈ることを大切に考えて来ましたが、同時に事にあたっては、時として人々の傍らに立ち、その声に耳を傾け、思いに寄り添うことも大切なことと考えて来ました。天皇が象徴であると共に、国民統合の象徴としての役割を果たすためには、天皇が国民に、天皇という象徴の立場への理解を求めると共に、天皇もまた、自らのありように深く心し、国民に対する理解を深め、常に国民と共にある自覚を自らの内に育てる必要を感じて来ました。こうした意味において、日本の各地、とりわけ遠隔の地や島々への旅も、私は天皇の象徴的行為として、大切なものと感じて来ました。皇太子の時代も含め、これまで私が皇后と共に行（おこな）って来たほぼ全国に及ぶ旅は、国内のどこにおいても、その地域を愛し、その共同体を地道に支える市井（しせい）の人々のあることを私に認識させ、私がこの認識をもって、天皇として大切な、国民を思い、国民のために祈るという務めを、人々への深い信頼と敬愛をもってなし得たことは、幸せなことでした。

天皇の高齢化に伴う対処の仕方が、国事行為や、その象徴としての行為を限りなく縮小していくことには、無理があろうと思われます。また、天皇が未成年であったり、重病などによりその機能を果たし得なくなった場合には、天皇の行為を代行する摂政を置くことも考えられます。しかし、この場合も、天皇が十分にその立場に求められる務めを果たせぬまま、生涯の終わりに至るまで天皇であり続けることに変わりはありません。

天皇が健康を損ない、深刻な状態に立ち至った場合、これまでにも見られたように、社会が停滞し、国民の暮らしにも様々な影響が及ぶことが懸念されます。さらにこれまでの皇室のしきたりとして、天皇の終焉に当たっては、重い殯（もがり）の行事が連日ほぼ二ヶ月にわたって続き、その後喪儀（そうぎ）に関連する行事が、一年間続きます。その様々な行事と、新時代に関わる諸行事が同時に進行することから、行事に関わる人々、とりわけ残される家族は、非常に厳しい状況下に置かれざるを得ません。こうした事態を避けることは出来ないものだろうかとの思いが、胸に去来することもあります。

始めにも述べましたように、憲法の下（もと）、天皇は国政に関する権能を有しません。そうした中で、このたび我が国の長い天皇の歴史をあらためて振り返りつつ、これからも皇室がどのような時にも国民と共にあり、相たずさえてこの国の未来を築いていけるよう、そして象徴天皇の務めが常に途切れることなく、安定的に続いていくことをひとえに念じ、ここに私の気持ちをお話しいたしました。

国民の理解を得られることを、切に願っています。

平成二十八年八月八日

「退位（譲位）の礼」正殿の儀におけるおことば

今日（こんにち）をもち、天皇としての務めを終えることになりました。

ただ今、国民を代表して、安倍内閣総理大臣の述べられた言葉に、深く謝意を表します。

即位から三十年、これまでの天皇としての務めを、国民への深い信頼と敬愛をもって行い得たことは、幸せなことでした。象徴としての私を受け入れ、支えてくれた国民に、心から感謝します。

明日（あす）から始まる新しい令和の時代が、平和で実り多くあることを、皇后と共に心から願い、ここに我が国と世界の人々の安寧と幸せを祈ります。

平成三十一年四月三十日

「即位後朝見の儀」のおことば

日本国憲法及び皇室典範特例法の定めるところにより、ここに皇位を継承しました。
この身に負った重責を思うと粛然たる思いがします。

顧みれば、上皇陛下には御即位より、三十年以上の長きにわたり、世界の平和と国民の幸せを願われ、いかなる時も国民と苦楽を共にされながら、その強い御(み)心を御自身のお姿でお示しになりつつ、一つ一つのお務めに真摯に取り組んでこられました。上皇陛下がお示しになった象徴としてのお姿に心からの敬意と感謝を申し上げます。

ここに、皇位を継承するに当たり、上皇陛下のこれまでの歩みに深く思いを致し、また、歴代の天皇のなさりようを心にとどめ、自己の研鑽(さん)に励むとともに、常に国民を思い、国民に寄り添いながら、憲法にのっとり、日本国及び日本国民統合の象徴としての責務を果たすことを誓い、国民の幸せと国の一層の発展、そして世界の平和を切に希望します。

令和元年五月一日

「即位の礼」正殿の儀におけるおことば

さきに、日本国憲法及び皇室典範特例法の定めるところにより皇位を継承いたしました。ここに「即位礼正殿の儀」を行い、即位を内外に宣明いたします。

上皇陛下が三十年以上にわたる御在位の間、常に国民の幸せと世界の平和を願われ、いかなる時も国民と苦楽を共にされながら、その御心(みこころ)を御自身のお姿でお示しになってきたことに、あらためて深く思いを致し、ここに、国民の幸せと世界の平和を常に願い、国民に寄り添いながら、憲法にのっとり、日本国及び日本国民統合の象徴としてのつとめを果たすことを誓います。

国民の叡智(えいち)とたゆみない努力によって、我が国が一層の発展を遂げ、国際社会の友好と平和、人類の福祉と繁栄に寄与することを切に希望いたします。

令和元年十月二十二日

第一章　男系維持のために

皇位の安定的な継承

令和二年四月十九日、宮中で「立皇嗣の礼」が行はれ、ここで秋篠宮文仁親王殿下が次代の皇位を継承される皇嗣であることが、内外に宣明され、天皇陛下から壺切の御剣が伝へられる予定でありました。しかしながら武漢肺炎禍は宮中の行事にまで影響を及ぼし、この儀式は延期といふことになりました。正式な儀式はまだとしても皇嗣である事は動きませんし、皇位継承第一位である事に変はりはありません。御身位上皇弟でありますから、皇太子とは申しませんし、また『皇室典範』には皇太弟の語がありませんので、皇嗣殿下と申し上げます。これで皇位継承は次代まではゆるぎないものとなりましたが、天皇陛下と皇嗣殿下との年齢の差は六歳と承ります。陛下がお年を召されると同時に、殿下もまた同じにお年を召されることになります。上皇陛下は宝算八十六で御譲位なさいましたが、この年齢で試算しますと天皇陛下が八十六歳におなりになると、殿下は八十歳となられます。高齢化社会といひますが、これは皇室においても同じことであります。仮に八十六歳の陛下が、八十歳の殿下に御譲位なさることを想像すると、制度上ではあり得ることですが、これはこれでまた大変なことが予想されます。このやうなことを考へると決して皇位継承がゆるぎないものだとは申せません。『皇室典範』は皇統に属する男系男子の皇位継承を明記してをりますから、皇嗣殿下のあとは皇子の悠仁親王が皇位を継承なさいます。ここまでは現在確定してゐる事実であります。しかし、悠仁親王に皇子が御生まれになることを確信しつつもこればかりはわからないものです。そのため悠仁親王のあとの安定した皇位継承をめぐり、どのやうに対処すべきか、どのやうに法整備をしたらよいのかが、重要な案件として生じてをります。かやうに皇位の安定的な継承をどうするかが大きな焦点となつていきます。

場合によつては男系か女系かといつた国論を二分するやうな慎重且つ重い議論の展開もありませうし、政府はこの時にあたり重要な判断をせねばならない事態になりませう。生半可な議論では取り返しがつかない大問題が生じる事態ともなりかねません。

そのためにも過去の長い皇室の歴史を顧る必要があるのです。皇位継承といふ問題は、今の我々のためにする議論ではなく、過去の我が国の遠い祖先と将来の子孫をも含めた議論でなければなりません。重要なのは政党としての対策や好き嫌ひなどといつた感情ではなく、眼前にある歴史の「事実」であつて、その事実に向き合へば自づから結論は導かれるのであります。

まづ政府は百二十六代に及ぶ長い間に男系継承であつた「事実」を確認、踏襲し、これを宣言することから始めるべきであります。そこがぐらつくと何も始まりません。さうして男系維持のためにどのやうな策があるのかを真剣に模索しなければなりません。そこには後崇光院（伏見宮貞成親王）以来の男系の御血脈があり、またそこに明治天皇、また昭和天皇の皇女が降嫁された旧皇族といふ家柄の方々の中から、皇籍にお戻りいただくための方策の議論なども存し、早急に俎上に乗せなければなりません。旧皇族の血筋を継ぐ方の皇籍の取得が難しいなら、男子孫の御不在の宮家に養子に入る制度などを設けるといふ考へもあります。近代においても有栖川宮を継承された高松宮家などのやうに、廃絶した宮家の祭祀を継承する形として宮家の御創設なども重要だと思ひます。女性宮家の創設はあくまでも皇族の御負担軽減のための御一代のみのことであつて、その御配偶や子孫には及ばないことなど、平成の御代に先送りにしてきたつけは「令和」の時代の早いうちにきちんと整備をし、皇室関係法の整備のための研究をせねばなりません。

そのためにどのやうにして皇位の尊厳を説き、国体の麗しさを伝へ弘めていくのかが、本書の読者である心ある皆さんの大いなる責務となるのです。

悠仁親王殿下の御即位の確認

皇位の継承問題の議論が今後活発になると思ひますが、その前に『皇室典範』によつて、皇位継承者が、㈠皇嗣殿下、㈡秋篠宮悠仁親王殿下の順であるといふ当然、且つ自明のことを再確認していただきたいのです。これは「男系による皇位の安定的な継承」の確認といふものです。皇嗣殿下は「立皇嗣の礼」をいまだにおあげにならずとも、明らかに次の皇位継承者で、皇子の悠仁親王殿下は皇室典範の規定により第二位の御身位であります。ところがどうしたことか今後『皇室典範』が改正され、皇嗣殿下の次代に天皇陛下の直宮である敬宮内親王殿下が第二位の御身位になる場合がありえるといふ、大変問題のあることを言ふ方があるやうです。これは由々しいことです。私は『皇室典範』の規定は悠仁親王殿下まで、いやそのあとも御生まれになると確信する皇男子が永世に皇位を継がれるのであつて、これは確定してゐるものと解釈してゐますし、多くの国民もそれを自明の理と考へ、さう解釈するのが当然であります。世に言はれてゐる、女性宮家の創設や女帝の御即位の問題は悠仁親王殿下以降の、もしもを考へての対策であり、今早急にそれを企て、皇位継承順位がある悠仁親王殿下から皇位を簒奪することは暴論であり非礼ではないかと思ひます。

今後議論が活発化するとしても、まづ最初に確認すべきことは、今後、皇室典範が改正され、または特例法が制定されるやうなことがあつたとしても、悠仁親王殿下の皇位継承順位はそのままであつて、その後においても皇子が御誕生なさつたなら、その方の御即位が確実に行はれるといふことを明らかに確認しておくことであります。一度皇位継承権が「ある」としたものを、法を改正（改悪）して「なし」にすることは明らかに皇位の簒奪としか言ひやうがありません。それは恐ろしいことであつて、時の政府の判断によつて、または政争の具としてよいといふ訳にはなりません。この点を確認した上で、殿下の御即位まで時間的に待てないので「安定的な皇位継承」のためどうあるべきかの議論をすべきであります。

世の中には敬宮殿下に皇位についていただきたいといふ、真に理解に苦しむ声もあるやうですが、それは悠仁親王殿下の御即位の次代に、もしもの事態が惹起された時のことについてとなります。さうでなければ後世の史家はここで「皇位の簒奪」があつたと書くことになります。これは非常に大きな問題となります。「今」だけの視点で考へては、後世に禍根を残すことになります。

皇統は男系で維持されてきました。それゆゑ今後も男系で維持されてゆく必要があります。あとで述べますが女系には女系の様々な問題があるのです。女性皇族はそのまま独身でおいでいただくか、またはご結婚なさつてもそのまま宮家にお残りいただくか、いただいたとしても、その宮家に伏見宮系の皇統男子がお入りにならない限り、それはその御一代までのことであつて、仮に皇位を践まれてもその御一代のみでなければなりません。または別に伏見宮系の皇統男子が新たに宮家を興して皇族になるか、論点はこれらに自づと絞られてきます。

政府の方針固まる

天皇陛下は令和二年二月、御即位後に宝算六十の天長節をお迎へになられました。折しも武漢発新型肺炎の蔓延を思召されて、宮中一般参賀をお取り止めになりました。また新聞各紙は恒例の御会見の模様を伝へましたが、皇位継承問題についてはお考へをお控へになられたと報じてをりました。このやうなことをあの場でお伺ひする側にも問題があり、それを回避されたのであります。また、御製の発表もありませんでした。

二月十六日付の「読売新聞」の一面は、政府が皇位継承の議論に女系や女性天皇に関することを除くといふ方針を固めたとの記事でした。このことは嘗て私が、何度も強調して述べてきたことであつて、当たり前のことの確認の記事でした。このことに関して有識者による聞き取りもしないといふことを、心強く思ひました。かやうな問題を有識者の聞き取りをしても平行線で、そこに歩み寄りはありません。ただ、「読売新聞」だけの記事であつて、政府も「方針を固めた」といふだけですからまだ流動的で油断はできません。今後具体的な動きがあるやうですが、この新聞記事がいふやうに無理に『皇室典範』を改定して性別に関係なく直宮からその長子を優先に皇位継承順位を改める必要もないのです。とは申せ、具体的な他の方針、即ち悠仁親王殿下以降の皇位継承に関しての規定を定める必要があるのです。悠仁殿下に万が一、何事かがあつた場合をも想定して備へておく必要もあるのです。

この記事に対し、早速『週刊朝日』が「安倍政権が封印　愛子天皇論」と題し、また『週刊新潮』は「愛子天皇論を闇に葬った安倍官邸」との見出しで批判記事を書いてゐました。見出しからして現在皇位継承の順位者が確定してゐることを蔑ろにしたもので、このやうなマスコミによる刷り込みの悪弊を絶つべく、総理は判断をしたのです。ここに「愛子天皇」なる語があることになんともいへない悪意を感じ取るのです。敬宮殿下が皇位を簒奪して即位されて当然であると言はんばかりの見出しに、ある煽動を思ふのであります。恐ろしいことです。マスコミによる印象操作の一つです。

『週刊朝日』の内容は二人の識者の対談でしたが、皇位継承といふ重大な問題を理解してないやうな、呆れる発言でした。現在の野党には女性・女系論者が多いから、政権の交代の意味はこのやうな変化を起せるといひ、男女同権、平等が憲法だけでなく現実に日本に浸透してほしいといふうやうな放言でありました。ここではご本人の名誉のため、あへてお名前は書きませんが、もつと真剣に考へられないのかとその暗愚さを気の毒に思ひました。かういふ場合はその人選が重要であつて、お二人とも小泉内閣の時の有識者会議に関与した方で、どちらも女系女性天皇容認論者であります。そのやうなことを知らずにこの記事を読めば、詳しく知らないとさういふものなのだと思つてしまふものであつて、この週刊誌の記事が一つの方向へうまく誘導すべく組み立てられてゐる、ある悪意を感じます。

そもそも女系や女性天皇を容認する論調は小泉内閣の折に、皇太子殿下（当時）の次の代は弟宮の秋篠宮殿下が継がれても、その次世代には女性皇族しかおいでにならず、このままでは女性天皇を認めねばならない状況であつて、さてどのやうにあるべきかが、やや安易に議論された印象でした。この折も皇位継承資格のある弟宮の秋篠宮殿下をさしおいて、直宮である敬宮殿下に第一位の皇位継承資格を与へるべきだとの論がありました。しかし神佑あつて洵に畏れ多いことながら皇男子である悠仁殿下の御降誕となり、次世代までの皇位はここに確定し、先の女系、女性天皇論は勢ひを潜め、雲散霧消したはずであつたのです。

皇位継承順位の確認

繰り返し申し上げますが、皇位継承順位は『皇室典範』の定めの通り、皇嗣殿下、悠仁親王殿下までは確と動きなく定められたものとなつてゐるのです。これに疑問を挟む余地はないのであつて、「皇室典範特例法」の付帯事項の安定的な皇位継承についての議論は、当然ながら悠仁親王殿下が即位された後のことをさすと考へてゐました。

しかしながら今となつて直宮の敬宮殿下が『皇室典範』の改定によつて皇位継承をされることもあるのだとの論が存在してゐたことを知り、我ながら迂闊であつたことを反省しました。そしてまた先の新聞記事や週刊誌により、あり得ない議論が存在してゐたことを確認し、驚くとともに戦慄を覚えたのでした。かやうに小泉内閣の時の亡霊がまだ健在であつたことに、我ながら不覚をとりました。政府はこれに対し毅然とした姿勢を貫くべきです。今後、男系の皇位継承を何とか阻止しようとする、所謂女系女性天皇容認論者の執拗な反撃があることも考へられますが、この議論の、この土台だけは確認しておく必要があります。

皇位の簒奪になりえる

しかしこれにより、女系女性天皇容認論者の化けの皮が剥がれたのも同然です。女系女性天皇容認論者は直宮の敬宮殿下に皇位についていただくことを表面に押し出しつつ、実は皇嗣殿下、悠仁親王殿下に既にある皇位継承資格を簒奪しようとしてゐるのです。もちろん敬宮殿下への純粋な気持ちから、殿下の御即位を希求してゐる者も、その中にはあるのかもしれませんが、それが「皇位の簒奪」といふ最も恐るべき、取り返しの付かない大仰なことに繋がるといふことに気がついてゐないやうです。そこが大きな問題なのです。または気がついてゐて、それを承知でこのことを推進してゐるのかもしれません。今の女系女性天皇容認論者の思惑はここにあります。即ち後世の史家は、敬宮殿下に皇位簒奪者の汚名を着せることになるのです。それがいかに皇位の尊厳を軽々しく傷つけるかを思慮深く思ひ至らねばなりません。「今」ではなく「後世」に永く及ぶ視点が必要なのです。

これを見極めたなら、現状で『皇室典範』の皇位継承順位を改め、直宮の長子を優先としてその順位を決めるなどといふあり得ない暴論を、議論しようなどとの考へがあつたことに驚くのであります。そのやうに思へば、今回政府がこれを一顧だにしなかつたのは当然の見識であり、これを高く評価し歓迎すべきであります。とは申せ、まだまだ油断できる状態ではありません。次に来る悠仁親王殿下の次代の皇位継承の問題についての考へをめぐらしておかねば、単なる先送りとなるだけなのです。

男系継承とは

ここで政府が現時点での女系女性天皇容認論を破棄する方針を示した以上は、これを、このあとも男系でいくべきであるとの信念の披瀝、宣言と等しいものであると解釈するのでありませう。それならば、まづ伏見宮系の旧皇族の御子孫についての考へに至るはずなのですが、政府はこのことには弱腰であつて「考へにない」とまで言つてをり、ここにまた矛盾が生じるのです。この弱腰が再び女系女性天皇容認論者が入り込む隙となるのです。

悠仁親王殿下が御結婚なさつた時、妃殿下には皇男子を生まねばならないとの、かなりの重圧がかかり、ややもすると御結婚どころか御相手が見出されないのではないかとの危惧をする向きもあります。それもわからなくはありません。だから女系にも道を開くべきだとの論調もありますが、ここに飛躍があるのです。

この「だから女系にも道を開くべきだ」といふ前に、一息入れて「だから男系で皇位を継承するにはどうすべきか」と立ち止まつて考へる必要があります。さうすれば残された一つの道が見えてきます。それは何度も繰り返しますが、伏見宮系の旧皇族の御子孫の方に新宮家を創設していただくか、もしくは現在ある宮家へ御養子としてお入りいただくことに辿りつくのです。これで済む問題なのですが、この話題はなかなか議論の俎上に乗らずなぜかうまく行つてをりません。

ところで先程から申し上げてゐる「伏見宮系の旧皇族」といふことについては後に詳しくご説明することとして、ここでは「男系継承」といふことについて述べませう。

皇統は男系で一系に維持されてきたのであり、現状では父方を辿つていけば神武天皇に繋がり、また皇祖天照大神に繋がるのであつて、これが男系であり、「萬世一系」といふものなのであります。ずつと永い歴史の中を一系絶えることなく続いてきたことをこのやうに言ひます。皇室の御血筋とはかやうなものなのであつて、それゆゑに尊いのであります。「天皇」は「皇帝」よりも上の位の称号であり、エンペラーを超越した存在であります。皇室には姓がないことがそれを示してゐます。女性皇族が中澤さんとご結婚された場合、仮に皇族として宮中に残るとしても、そのお子様は中澤さんなのです。そしてその父方を遡っても、中澤さんが皇統に属してゐない限り、そのご先祖には行き着きますが神武天皇にはたどりつきません。これが女系といふもので、必然的に姓が生じて皇統は別のものになつてしまふのです。中澤さんならともかく、この御相手男性がもし外人であつたなら、どうなりますか。これを考へたら眠れないこととなります。このやうに姓が生じることを「易姓」（姓が易はる）といひ、我が国ではそれを革命として忌避して来ました。女系を安易に許せないのは、現状の皇室がさうではなくなるといふことによります。再度わかりやすくいひます。男系とは「天皇陛下の父方を辿つていけば神武天皇に繋がること」なのです。これが我が皇室が皇室である証しなのです。

天皇の御子孫を示す「皇胤」といふ語があります。これは皇室の御血脈を伝へられた御方を申しあげるもので、皆さんおなじみの吉田兼好が『徒然草』の初段、あの有名な「つれづ

れなるままに」のあとに、

御門（みかど）の御位（みくらゐ）はいともかしこし、竹の園生（そのふ）の末葉まで、人間の種ならぬぞやんごとなき

と書いた、この実感なのであります。「竹の園生」とは皇族のことであり、皇胤は人間の子孫ではなく、天照大御神の子孫とされてきたから「やんごとない」存在なのだといふのです。

令和になつてからマスコミは女性天皇、女系天皇を煽り、その委細を国民が曖昧で知らないうちに、世論調査と称して女性天皇、女系天皇に賛同する数が多いとして、その方面へ輿論を誘導するやうな策に出てきてゐます。これは見抜かねばならない悪意の策動であります。女系天皇は今申し上げた通り、夫君の姓が生じることから、その御子様から皇統ではなくなつてしまふ危険性があるのでこれは絶対に許してはいけません。女性天皇は嘗て十代八人（お二人は再度皇位についたため）おはしましたが、次に天皇になる方が御不在であつたり幼児でいらしたため、その御成長を待たれての中継ぎの場合に限定され、そのため后妃であつた方かまたは独身でおいでしたので、その子はおいでにならず、皇統を継ぐことなどありませんでした。このやうに女性天皇を置く場合はその一代のみと限定する必要がありますし、配偶者が生じる場合その御処遇についても考へねばなりません。女性皇族とご結婚された中澤さんは皇族になれるのか、称号はどうなるのかなど今まで前例のないことが生じてきます。ま

「皇統に属するとは」とは
神武天皇につながること

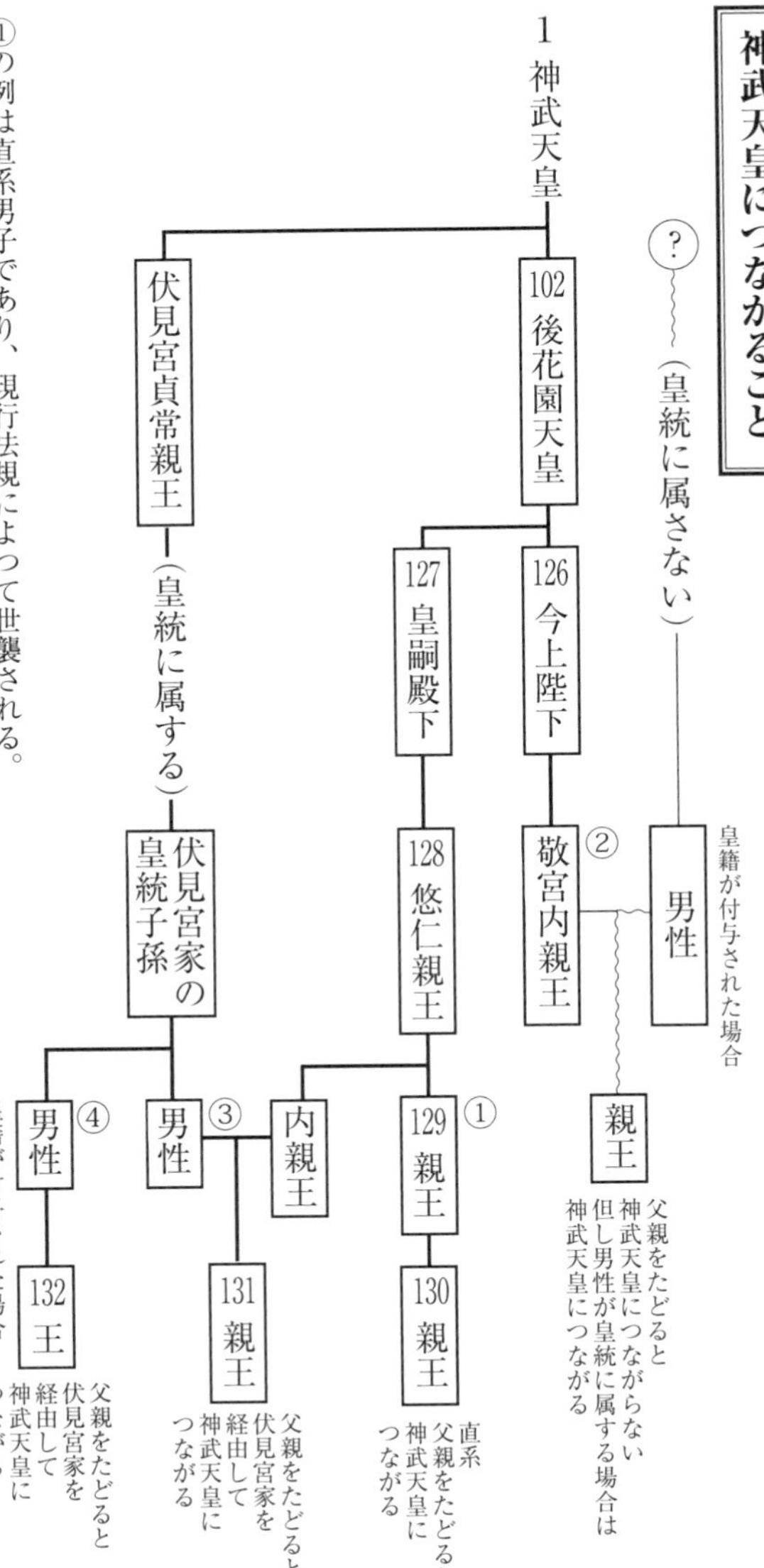

①の例は直系男子であり、現行法規によって世襲される。

②の例の㋑内親王は現行法規では結婚とともに皇籍を離れる。

　㋺結婚後も皇族とする場合、配偶者に皇籍を付与する。

　この場合、父が皇統（男系、以下同じ）に属さないため、子は皇統に属せず。

　㋩右の㋺において配偶者が皇統に属する者であればその子は皇統に属する。

③の例の㋑内親王は現行法規では結婚とともに皇籍を離れる。配偶者が皇統に属さない場合、その子も皇統に属せず。

　㋺結婚後も皇族とする場合、配偶者に皇籍を付与する。この場合、父が皇統に属するので、子は皇統に属す。

④の例　皇統に属する男子に皇籍を付与し、皇族とする。または現宮家の養子として皇籍を付与する。

　本人及びその子は皇統に属する。

※皇統に属する男子には皇位継承権が生じる。

たこの御子様が皇位を継げばここに姓が生じて「女系」が生じますから皇室自体が変容し大変危険性を帯びてくることになりますので、慎重な対応が必要となります。

男系の維持

ところで、皇嗣殿下の皇子の悠仁親王殿下以外に現皇族に次代を御担ひになる男子皇族がおいでにならないので、男系による皇位継承にあたり、嘗て終戦直後のやむなき時代に占領軍の圧力によつて皇籍から脱離させられた旧皇族の宮家の方（伏見宮家の統のみ残る）、またそれ以前に御自分の御意思で臣籍に降下され、華族になられた方などで、男系の血脈をお持ちの男性の方に、遠い将来をも見据ゑた安定的な皇位継承のために、皇位継承権を与へてはといふ考へがあります。これは具体的には旧皇族の血筋をお受けのお方の、皇籍への御復帰（新宮家の御創設）や、現在の皇統に属する内親王、女王方の宮家に御入籍いただくなどの考へであります。これによつて男系で継承されてきた皇位継承に少しでも安定性が生じるのなら、歓迎されることでありませう。

しかし、ここには乗り越えなければならない問題点がいくつかあります。まづ第一に憲法に定める「婚姻の自由」といふ考へによれば、この御入籍は難しくなります。双方の御意思がないのを無理やりに（そのために）ご結婚していただくことは、今日の常識に反することとなります。ただ皇族にどこまで結婚の自由があるのかが疑問です。先にも述べましたが、もし外人とのご結婚をのぞまれた場合、国民感情はどうなるのでせうか。これは難しい問題で、結婚を強制することはできませんし、結婚してはいけないとも申し上げられません。この問題は暫くおきます。

結婚の前提はお互ひがどこかで出会ひがあつてお気持ちが通じられることです。そのお相手が旧皇族、もしくはその血筋を受けてゐる方であつたならば、それは歓迎されることでせう。そして、その場合は女性皇族であつてもその配偶者が皇統の血筋でありますから、男系であつて女性天皇になりえますし、そのお子様方も皇統に属すことになりますから皇位継承の資格が生じます。ただ、その場合直系の男系が存在してゐるなら、そちらの方が継承順位が高くなります。これが男系皇統を継ぐといふことなのです。中澤さんのお子様は永久に中澤さんですが、皇統を受けた男性のお子様は永久に皇統に属するのです。

次に旧皇族の御子孫、またその血筋の方と申し上げても、どの範囲までどの順位で決めるのかといつた問題があります。その場合は系図を辿りつつ長男を優先にして考へるのが穏当でありますが、その御当家直系に男子の兄弟がおいでの場合、長子のみにするのかなどの問題があります。またそれは何人なのかといふ問題もありますが、一人二人なのでありませう。その場合は後述する問題もありますので、なるべく悠仁親王殿下と同じか又はそれ以下の若い方が望ましく思はれます。三つ目の問題は、その場合、一度民間にあること七十余年、庶民と同じ暮らしを営みになられた御方、またその御子孫の方が、遠い将来に皇位を御践みになるとしたら、皇位の尊厳を傷つけるのではないかとの危惧があります。民間にあつて世俗を識つた方が、皇位に即くなどあつてはならないとする思ひです。しかし考へ直してみれば、戦後皇籍から脱離させられたのは、占領軍が皇室経済を凍結し、その財政資本がなくなつたためであり、それがなければその宮家は今日も存在してゐたのであつて、そこを考へねばなりません。そしてなるべく若い方をと考へたのはそのためであり、現代のマスコミの執拗な話題の種にならないやうにせねばなりません。

四つ目の問題はこの旧皇族（伏見宮家）の血脈が遠く六百年、足利時代の応永の御代に今の皇統から分かれ、今上陛下から逆算すると数十代にまでの数に及ぶことから、あまりにも遠い御関係であつて、それでよいのかといつた考へであります。そしてこの考へはそれだけ俗耳に入り易いものであるので注意が必要です。

だがよく考へ、深く思つてみてください。天照大御神以来の男系の御血脈に濃淡などないのではと思ひます。北畠親房は『神皇正統記』に皇統を「天照大御神の正統」と表現してゐます。そして遠く六百年の昔に分かれた御血脈であることが事実であつて、それを証明する史実があるのです。民間の生活を知つたところで七十余年その御血脈になんら疵がつくこともないのです。冷たい言ひ方ですが「皇位」は個人ではありません、その個人が如何様に日々の御暮らしをなさらうとも、御血脈であり、それが皇位の尊厳であつて、そこに個人の人格などはないのであります。天皇とは畏れ多くもそれは天照大御神の生き通しなのであり「神ながら」にほかならないのであつて、歴代の天皇が公と個との挟間でご自身の身の上をよくよくご承知になられた苦悩を察するのであります。

近い遠いではなく「正統」

この頃「皇別摂家」などといふことが聞かれるやうになりました。この語も造語であつて、伏見宮家へ遡ると六百年も昔に別れたのでかなり古くなるから、もつと近い徳川時代に時の天皇の皇子で、皇胤でありながら摂家にお入りになられた親王の御子孫の方がゐて、それなら現在の皇室と別れたのは三百年であつて、まだ近い繋がりであるといふのです。さういふ方の子孫も、皇籍への御復帰の対象にしてはどうかといふ新たな声もあります。具体的に閑院宮直仁親王の皇子、淳宮様が鷹司家に入り輔平と名乗られます。直仁親王の皇子である典仁親王（後に慶光天皇と追謚）が光格天皇の父君になる御関係です。ただし鷹司家の直系はこのあと絶えて、摂家から養子に入りますが、輔平の二子が徳大寺家に入り、その別れの子孫、また輔平の孫政通の子の何人かが他家へ養子に入り、その子孫が現在も続いてゐるのであつて、これを「皇別摂家」といふのださうです。たとへば最後の元老といはれた西園寺公望は、徳大寺家から養子に入りましたが、この血筋が輔平に繋がり、彼も皇胤でした。また、後陽成天皇の皇胤で近衛、一条などの摂家へお入りになつた方もおいでですが、これらの家はその後養子が入るなどして、今日ではその皇統を伝へてゐないやうです。

たしかに単純に考へれば「近い」印象はありますが、ここでは近いか遠いかが問題ではありません。しかも六百年経ようが、伏見宮系の方々は戦後の皇籍離脱までは事実皇族であつたのです。この事実が重いのです。

この皇別摂家の方は確かに皇統に属する男系の統であつて、現在の皇室から見れば、伏見宮家を経由するほど遠くはありませんが、臣下になられてから一度も皇族であつたことはないのです。この皇別摂家の方、及びその子孫が、その意識としていつか皇位を践むといふことを、過去に一度でも考へたことがあるかといへばないでせうし、その意識もなかつたと思ひます。また国民もさうであると意識してゐたかといふと、そのやうな方の御存在も知らなかつたと思ひます。ここに問題があります。旧宮家には戦後の皇籍から臣籍へ降下の時まで、その認識があり、国民側もそれを承知してをりました。皇位に関する「正統の意識」といふものです。それであるから皇室典範には皇族の身位について細かな規定や懲罰についても定められてありました。皇位は血筋を重視する一方でその遠近の問題ではなく、「天皇」といふ皇位の尊厳に対する御本人の自覚と、国民側の意識の問題でもあります。この点が揺らぐと「正統の意識」が薄れ、同じ立場の方が次から次に現れ、ある意味での皇位の簒奪者が横行することになります。旧宮家が皇室を離脱、降下される折、昭和天皇からもしものことを考へて御慎みの生活をなさるやうにとの思召しがあつたといふ、この一点の有無には不動のものがあり、ここが重要なのです。かやうに宮家の復活に対しては、その範囲を広げると皇位の尊厳が揺らぐ原因になることもあり、それは排除せねばならないのです。

皇統の理解は近い遠いで優劣を決めるのではなく、「正統であるとの認識」「その御資質」が大切であらうと思ひます。皇別摂家まで広げてしまふとそれは際限がなくなつてしまひますが、これも難しい問題です。ただ男系の血を継いだ方で、系図が明らかな方も民間にはおいでであるといふことは承知しておくべきことでせう。そして女性皇族との御結婚相手といふことに関しては、これらの方も相応のお立場であることに違ひはありません。

女系の不安定性

伏見宮家の統を引く方はもちろんのこと、広く考へれば、その皇別摂家などの統を引く方などのやうに、男系の御子孫はまだあまた存在してゐます。その方々を無視して、または今の皇室から遠いなどとのことから、男系を捨てて女系だけを盲信して、女性皇族を即位させては混乱のもととなります。

何度も申し上げますが、女性宮家を創つて皇統に属さない者と御結婚されれば、その配偶者との間に生まれた子は男女別なく、父方からでは神武天皇へ辿り着かないことになるのであります。それが女性ばかりで数代続いた時、父方はその代によつて様々なものとなるのです。そこに必然的に皇位の不安定性が生じます。我が国の安定性はいつの時代も中心に皇室があつて、天皇がましまされたことによります。政治がどのやうになつてもこれがゆるぎないものなのです。しかし皇位が不安定になれば世の中も落ち着きません。

また、配偶者を欧州の王室のやうに他国から迎へた場合などどうなりませう。一方で正統の血筋の方が（たとへ民間であれ）世に存在してゐて、その一方で女系のみでつながる不安定な方が天皇としておいでになるのです。それでよろしいのでせうか。

祭祀の問題として皇霊殿に祀られてゐる御歴代の天皇、皇子女（皇妃は別）はみな神武天皇の子孫であるのですが、女系の天皇はさうでない方となつてしまふのです。御歴代の天皇を神武天皇の、また天照大神の生き通しと考へた思想はここに途絶するのです。

家と氏の違ひ

現行の憲法のもと、家といふ観念がなくなつてしまひましたが、今でも結婚や葬儀の時にこの考へが表れます。家は先祖の祭祀の場であり、そのための財産を継承するものでした。ですから祖先祭祀の永続のために家をつなげなくてはなりませんでした。そのため男子がゐない場合は他家から養子が入り、その家の名と財を引き継いだのです。我が国ではこの制度が長く続いたため、養子制度にそれほどの抵抗がありません。この考へが実は女性天皇や女系でもいいとする考へと混同視されて、安易にそれを容認するやうなことになつてゐるのです。ここが大きな問題点です。他家からの養子とはいへそれでもなるべく身近な関係者から養子を迎へたと思ひますし、または家を庇護してくれるやうな他家から迎へた場合もありませう。徳川時代は大名は跡継ぎがない場合は取り潰しとなりましたから、その後継問題は大変でした。大藩の大名などは徳川家は自分の関係者を養子に入れたい思惑があり、古い家臣はなるべくその家の血筋を守ろうとしてお家騒動などが起きたこともありました。皇族（宮家）には、皇族（皇統に属する皇胤）以外から養子に入ることができません。それは何度も述べてきた通り、男系ではなくなるからです。

そこで「家」ではなく「氏」といふものを考へてみませう。例へば「源氏」です。歴史上我が国には「源」の姓を賜つた「氏」が多くゐますが、武門として名高いのは清和天皇の皇子貞純親王から出た「清和源氏」です。この源氏の直系に源義家が出て、またその子孫に鎌倉幕府を開いた頼朝が出ます。この源氏の直系の当主が「氏の長者」といふ立場の者になります。一族の総代といふ立場です。頼朝は源氏の氏の長者でありますから、その証として征夷大将軍になります。源氏の長者が征夷大将軍になれることは後に鎌倉の嘉例とされて重視されていきます。足利も新田も清和源氏であり、そのため足利氏は頼朝の嘉例に倣つて征夷大将軍になり、室町に幕府を開きます。源氏の血、しかも男系が重視されてゐたのです。こ

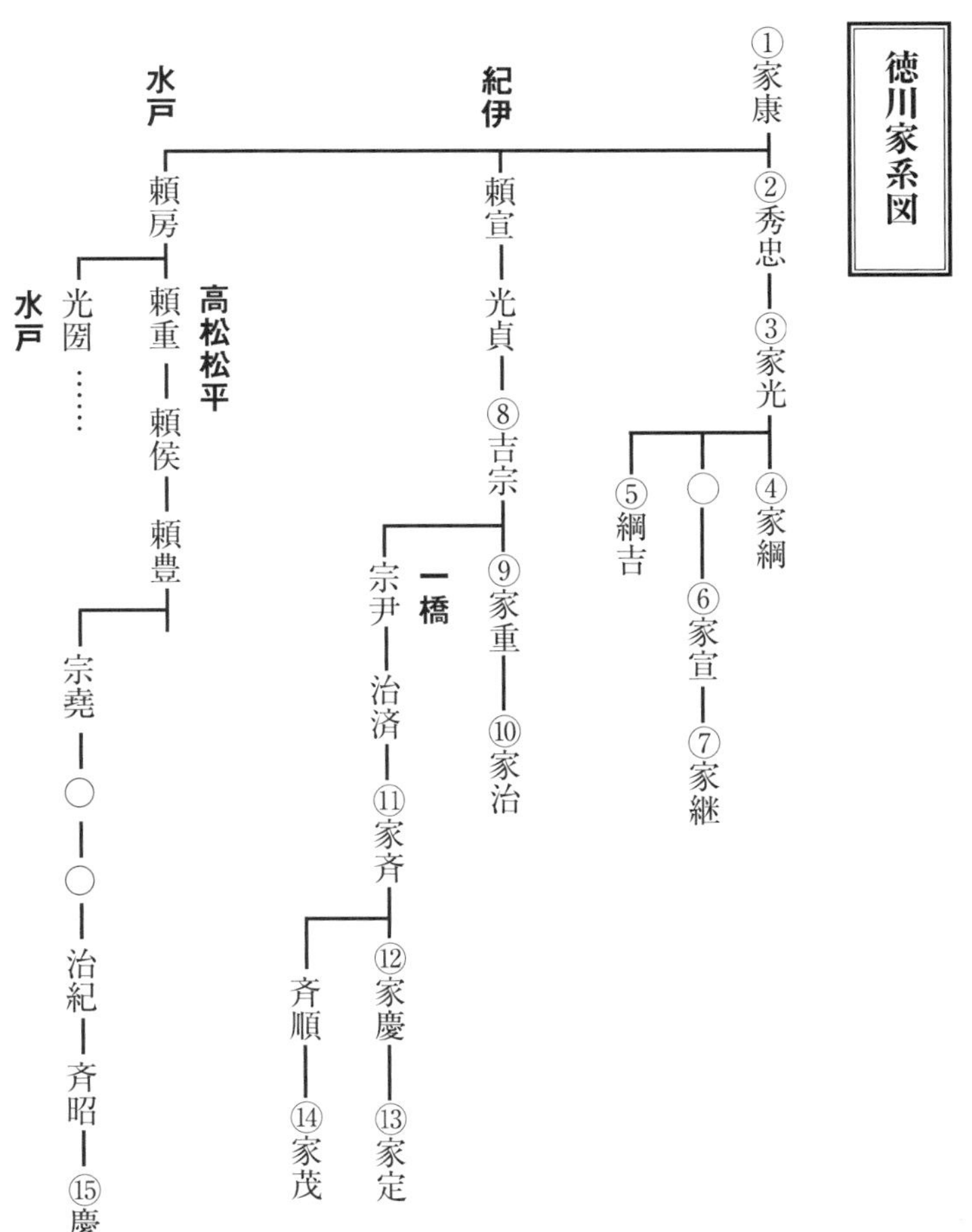
徳川家系図
①家康
②秀忠
③家光
④家綱
⑤綱吉
⑥家宣
⑦家継
紀伊
頼宣
光貞
⑧吉宗
⑨家重
⑩家治
一橋
宗尹
治済
⑪家斉
⑫家慶
⑬家定
斉順
⑭家茂
水戸
頼房
高松松平
頼重
頼侯
頼豊
水戸
光圀
宗堯
治紀
斉昭
⑮慶喜

のあと足利将軍家に代はつて全国を統一したのが織田信長でしたが、彼は平氏の流れであつてもとより征夷大将軍にはなれない家筋でした。次の豊臣（木下）氏はその先祖が不明なため、関白を望み、豊臣の姓を賜りました。豊臣氏を亡ぼした徳川氏は三河の出身の松平氏でしたが、家系を源氏の新田氏に繋げ、自分は源氏の氏の長者であると主張し、頼朝の嘉例に倣つて征夷大将軍になり兼ねて奨学院淳和院別当、左右馬寮御監をも補任され江戸に幕府を開いたのです。ここでも源氏の血筋が重視され、同族間の男系養子以外はなかつたのです。

家康以降の徳川氏の系図を見ても、歴代の将軍は家康の血を引いた者であり、幕末になればなるほど、前の将軍との関係は遠い間柄になりますが、家康から見ると近い関係であることがわかります。

このやうに徳川時代は庶民では「家」に養子が普通に受け入れられてゐましたが、その一方で男系の血筋である「氏」をどのやうに伝へるかの努力がされてゐたのです。これは何も皇室だけのことではなく、将軍家でもあつたことでした。「家」と「氏」との相違をよく御理解ください。奈良の春日大社が藤原一族の「氏神」であるのも同じことです。

皇統を遡る

男系を主張するのは、今までそのやうに継承されてきた事実があるからなのです。皇統は男系以外にありません。そして一代ごとにその父を遡ると神武天皇に行き着きます。これが「萬世一系」といふものだと書きました。この不思議な尊貴性が皇統の根幹にあつて、これが他の王室とは違つてゐる大きな点であります。皇統は何者にも替へることのできない尊貴性に貫かれてゐるのです。

先に一代づつに遡ると言ひましたが、この系図を作つてみると興味深いことに気づきます。皇室系図は神武天皇から下る書き方が専らですが、あへてその逆を考へてみるのです。まづ光格天皇までは直系に遡れます。その父が閑院宮典仁親王であり、その父が同直仁親王であります。典仁親王は明治になつて慶光天皇と追号をおくられましたが、ここに二代の皇位を践まれなかつた閑院宮家の当主と親王がおいでになることです。このことは現在の皇統が閑院宮家から別れたものであるといふことを証明してゐるのです。直仁親王の父が東山天皇でさらにそれを遡れば後陽成天皇の父が誠仁親王、この方は正親町天皇の皇子で、後に陽光院の追号をおくられましたが、この方も即位はされませんでした。

その上にさらに遡りますと、後花園天皇の父が伏見宮貞成（さだふさ）親王、そして同栄仁親王と続きます。栄仁親王は北朝の崇光天皇の皇子です。この貞成親王も後に後崇光天皇と追号をおくられましたが、ここに伏見宮家が二代続くことは、現在の皇統は伏見宮家から別れたといふことになるのです。皇統から宮家が別れたのではなく、視点を変へれば宮家から皇統が出たことになります。実際に皇嗣殿下が御即位なさると、今日においても皇統は秋篠宮家から出

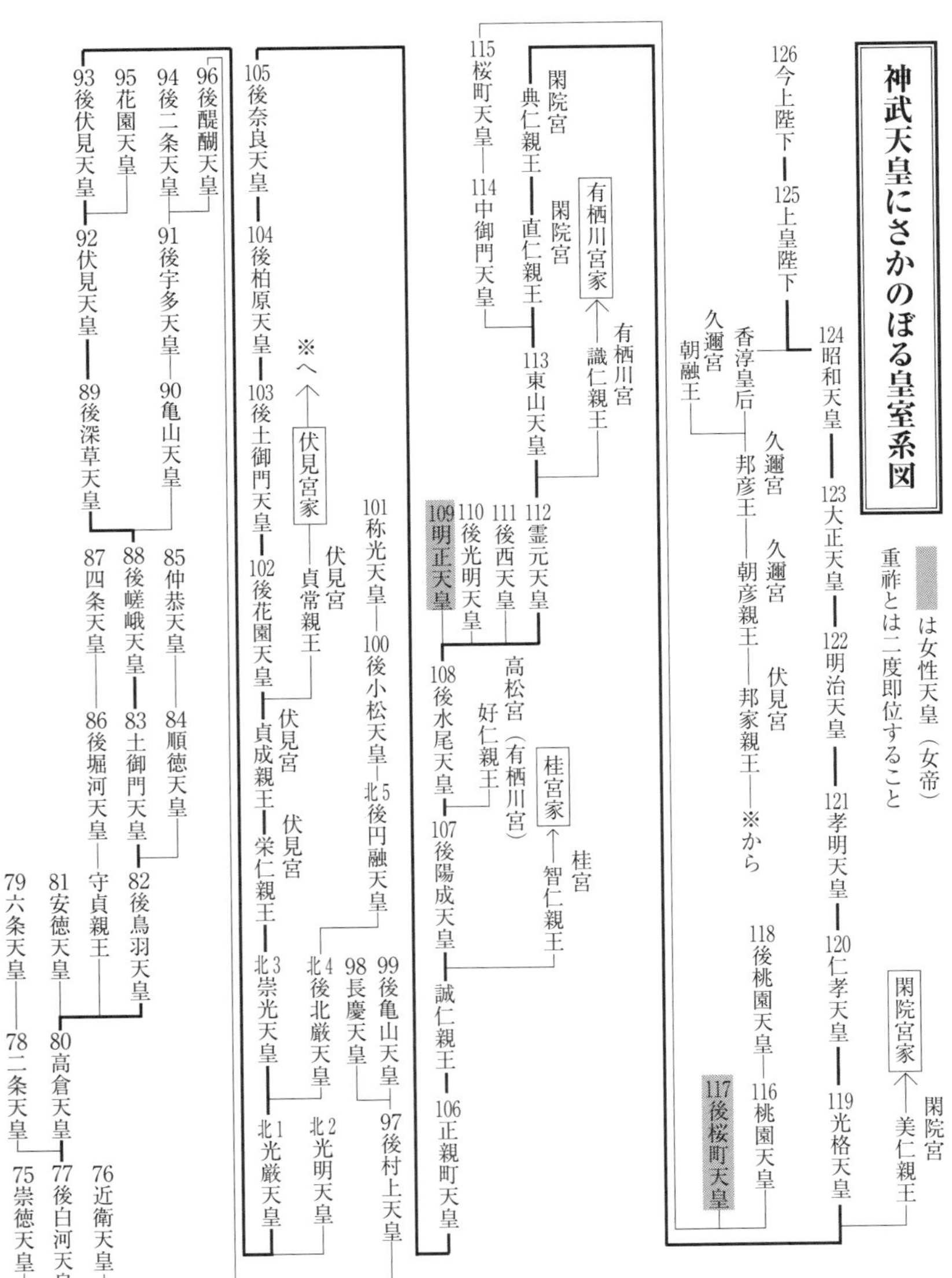
神武天皇にさかのぼる皇室系図
は女性天皇（女帝）
重祚とは二度即位すること
126今上陛下
125上皇陛下
124昭和天皇
香淳皇后
久邇宮 朝融王
久邇宮 邦彦王
久邇宮 朝彦親王
伏見宮 邦家親王
※から
123大正天皇
122明治天皇
121孝明天皇
120仁孝天皇
119光格天皇
閑院宮家
閑院宮 美仁親王
118後桃園天皇
117後桜町天皇
116桃園天皇
115桜町天皇
114中御門天皇
閑院宮 典仁親王
閑院宮 直仁親王
有栖川宮家
有栖川宮 識仁親王
113東山天皇
112霊元天皇
111後西天皇
110後光明天皇
109明正天皇
108後水尾天皇
高松宮（有栖川宮）好仁親王
桂宮家
桂宮 智仁親王
107後陽成天皇
誠仁親王
106正親町天皇
105後奈良天皇
104後柏原天皇
103後土御門天皇
102後花園天皇
※へ
伏見宮家
伏見宮 貞常親王
伏見宮 貞成親王
伏見宮 栄仁親王
101称光天皇
100後小松天皇
北5後円融天皇
北4後北厳天皇
北3崇光天皇
北2光明天皇
北1光厳天皇
99後亀山天皇
98長慶天皇
97後村上天皇
96後醍醐天皇
95花園天皇
94後二条天皇
93後伏見天皇
92伏見天皇
91後宇多天皇
90亀山天皇
89後深草天皇
88後嵯峨天皇
87四条天皇
86後堀河天皇
85仲恭天皇
84順徳天皇
83土御門天皇
82後鳥羽天皇
守貞親王
81安徳天皇
80高倉天皇
79六条天皇
78二条天皇
77後白河天皇
76近衛天皇
75崇徳天皇

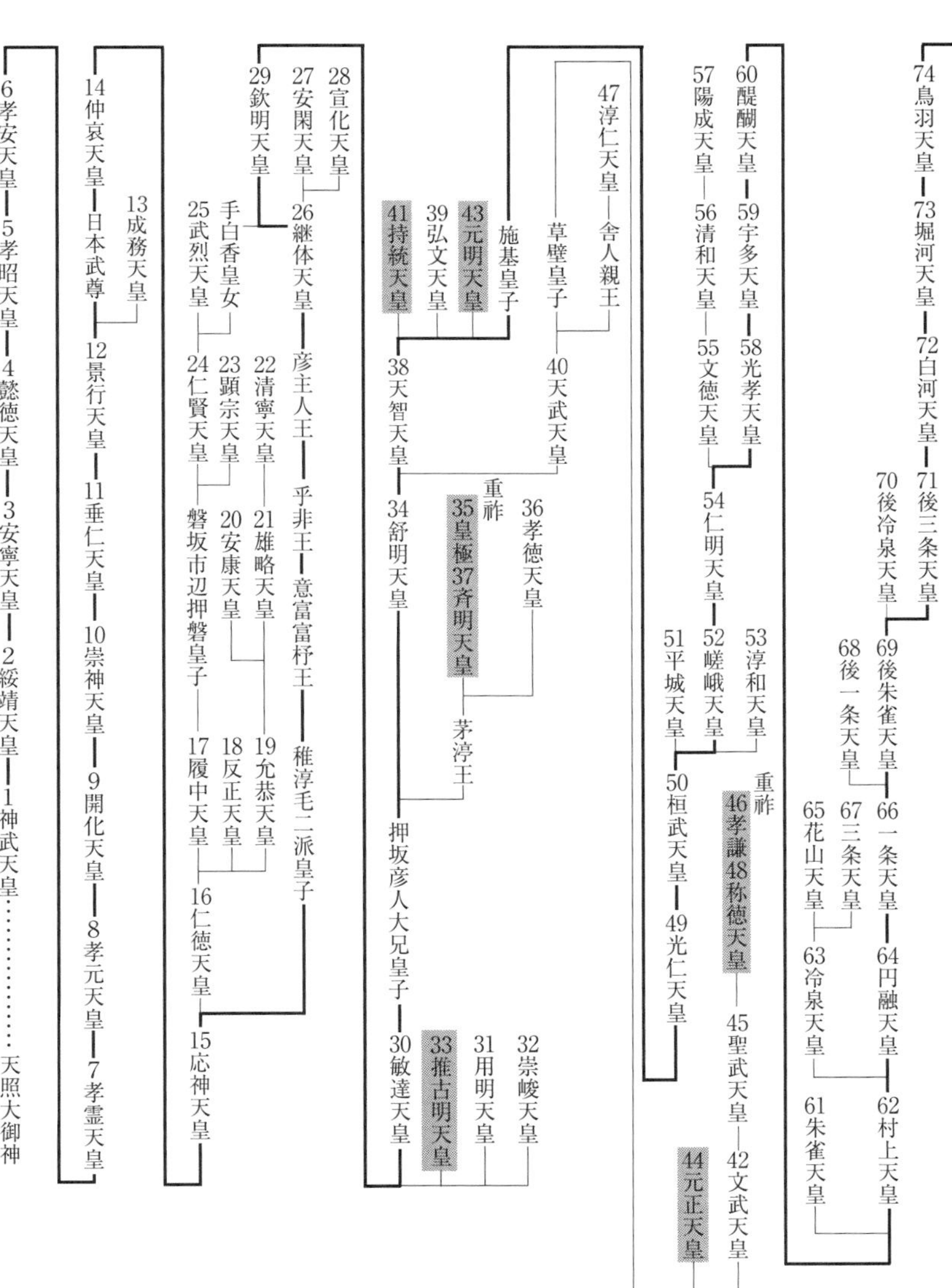
74鳥羽天皇
73堀河天皇
72白河天皇
71後三条天皇
70後冷泉天皇
69後朱雀天皇
68後一条天皇
66一条天皇
67三条天皇
65花山天皇
64円融天皇
63冷泉天皇
62村上天皇
61朱雀天皇
60醍醐天皇
59宇多天皇
58光孝天皇
57陽成天皇
56清和天皇
55文徳天皇
54仁明天皇
53淳和天皇
52嵯峨天皇
51平城天皇
50桓武天皇
49光仁天皇
重祚
46孝謙48称徳天皇
45聖武天皇
42文武天皇
44元正天皇
47淳仁天皇
舎人親王
草壁皇子
40天武天皇
施基皇子
43元明天皇
39弘文天皇
41持統天皇
38天智天皇
36孝徳天皇
重祚
35皇極37斉明天皇
34舒明天皇
茅渟王
押坂彦人大兄皇子
32崇峻天皇
31用明天皇
33推古天皇
30敏達天皇
28宣化天皇
27安閑天皇
29欽明天皇
26継体天皇
手白香皇女
25武烈天皇
彦主人王
乎非王
意富富杼王
稚渟毛二派皇子
22清寧天皇
23顕宗天皇
24仁賢天皇
磐坂市辺押磐皇子
21雄略天皇
20安康天皇
19允恭天皇
18反正天皇
17履中天皇
16仁徳天皇
15応神天皇
14仲哀天皇
13成務天皇
日本武尊
12景行天皇
11垂仁天皇
10崇神天皇
9開化天皇
8孝元天皇
7孝霊天皇
6孝安天皇
5孝昭天皇
4懿徳天皇
3安寧天皇
2綏靖天皇
1神武天皇……天照大御神

ることになるのです。遡れば伏見宮家から別れた皇統であつて、それならばその宮家の系統もまた皇統と同じものであると言へるのであります。

皇位継承問題と聖断

男系女系の皇位継承の問題に関して、これは皇室の問題であるから陛下の聖断を仰ぐべきだとの論があります。それは表面的には理のあるやうに聞こえますが、これは万策尽きた時のことであります。ただ、私が想定する聖断を仰ぐ時とは、現行の『皇室典範』の規定に従ひ、皇位継承される悠仁親王殿下が御即位され、その御子孫にあたる方に皇男子がなく、また伏見宮家の統を継がれる皇男子がおいでであるものの、意見の集約ができなかつた場合に仰ぐ聖断であります。聖断が様々の議論を重ねに重ねた上での最後の最後の手段であることは、大東亜戦争の終結にあたり鈴木内閣のとつた聖断のありかたからも言へることです。しかし、皇位の継承問題は皇室の問題であるから臣下が云々すべき問題ではないといふのは些か筋が違ふやうに思ひます。陛下の聖断は最後の最後でありますが、その聖断が畏れ多いことですが、歴史に照らして必ずしも正しいとは限らない場合もあります。聖断を仰ぐとは安易なものではなく、洵にやむを得ないことでの出来事であつて、昭和天皇の終戦の聖断についても涙を呑んでの御決断であつたことを思はねばなりません。

ところがどうしたことか、今上陛下に皇位継承の問題について聖断を仰ぐべきだとの論調があります。この考へは実に危険なものであるといふことをこの論者は認識されてないやうです。または十分認識した上で、故意に言つてゐるのかもしれませんが、それはそれで大問題です。皇嗣殿下と悠仁親王殿下とのお二人には、現行の法規に皇位継承の規定のあることをよそに陛下に男系か女系かとの聖断を仰ぐことなどできるはずがありません。天皇が法を無視して自分の恣意（と申しては憚りますが）から意見を述べるなどといふことを、臣下が進言する、またはそのやうな場を設けることが、輔弼の任を放棄してゐることになぜ気がつかないのでせうか。聖断は法規に照らしてもどうにもならない場合の、本当の最後の手段であり、皇位継承者が存在してゐる現在にこのことに関して聖断を仰ぐ必要は全くないのです。このやうな論者は男系女系とはまた別に、直系か傍系か、直宮か秋篠宮家かを選択してゐるやうです。女系推進、容認派の中には様々な思惑の人々がゐることを見抜かなければなりません。ここが重要なのです。

聖断と女系

さらに将来の大きな問題が残ります。この可能性はもしもの場合に限りますが、今述べた通り、皇籍復帰の宮家の再興も意見の集約が難しく、また洵に恐れ多いことながら悠仁親王のあとに皇子がお生まれにならなかつた場合です。そしてやむなく聖断によつて、「女系もやむなし」となつてしまつた場合、その皇統に対して男系を主張した側はどのやうに対処すべきなのか、またその時の心構へ身構へはどうあるべきかなどの難しい問題があります。「男系論者も女系論者も皇室を、また日本の将来のことを考へ、熟慮してのことである」との声を聞きます。なるほどと思ひます。また、男系だけが皇統といふ考へは狭い考へであり、女系も皇統であるのだとの考へもあります。たしかに皇室の血を受けておいでですが、従来の考へでは「皇統」は男系であり、女系を以て皇統と称したことはないやうです。ここでやはり「皇統」といふ意味を再吟味する、周知する必要がありませう。皇統は男系のみにいふ語であり、男系と女系とは明らかに同じものではないのです。ここが混乱するからこのやうな難しい議論となつてしまふのです。

　難しいことながら、ただ一つだけ言へることは「基本は崩してはならない」といふことです。これさへが確実であれば、そこに皇位に関する「正統の意識」が生じ、絶対に「皇位」が揺らぐことはないのです。結論から申し上げれば、もはや男系皇統だけしか選択肢はないのです。これは自明の理なのであります。この点が不安定になると、このあとの皇位が実に不安定、不確実なものになつていくのです。皇位のみならず国民相互の認識にも大きな溝を作ることになります。悲しいことに同じ国民の中に皇室の廃絶を望んでゐる者がゐます。女系論はこの者たちに利用されやすい難点があるのです。この者たちが女系論者の装ひをして、又、その中に潜在して巧に皇室の解体を企図してゐることに気づかねばなりません。女系の問題は実はそのやうに、皇室を亡きものにしようとする邪悪の念が潜んでしまふ、大きな危険性を孕んでゐることに気づかねばなりません。私が「基本は崩してはならない」と申し上げたことはその点を危惧するからなのです。女系論者の中には純粋な気持ち、男系論者以上の恋闕の情をお持ちの方もおいでです。仮に恋闕女系論者と呼んでおきませうか、その気持ちも十分に理解してゐますが、この危険性をどう払拭し、さういふ者たちに踊らされないといふ確固たる至純な姿勢がほしいのです。要はうまく利用されてしまふ罠に落ちてしまはないことを望みます。

女系推進、容認派は一つにあらず

男系でなければならないとする男系至上主義者はその結果も考へ方もみな同じ一点で繋がつてゐます。しかし、女系論者には様々な思惑があつて同じものと考へてはならないやうです。まづ推進の立場と容認といふ立場の二種に分けることができます。結果としては女性天皇を認め、その御子様の皇位継承をも問題視しないといふ立場をとりますが、その目的や手段が様々である者が混在してゐることを抑へておく必要があります。その中には本心から皇室や皇位のことを憂慮して、側室制度のない現状の皇室を守るためには最終的には致し方がないとの思ひに拠つて立つ考への人もあれば、同様なことを思ひつつも伏見宮家の統の子孫の方に皇籍を復活させるには消極的である、または無理だと断言してゐる人もゐます。さらに男女差別を撤廃するため、その権化のやうな皇室の制度を破棄すべきとする考へに立つ者もあれば、単に敬宮殿下のことを思ひ、継承は直宮であるべきだとする者もをります。

男女平等、同権の立場から論ずればそのやうに考へるのも無理はありませんが、皇室の制度にそれが当てはまらない場合もあることを考へなくてはなりません。一般においては性差の問題は慎重を要することで、人権の問題も関係してくることも充分承知してをり、それに対する配慮もわかります。ただ皇室においてもさうある必要があるとは今のところ考へません。すぐさまそれだから女性天皇もあるべきだとする発想は、わかりやすいですがあまりにも短絡だと思ひますが、いかがでせうか。女性皇族は天皇になれない、これが女性に対する偏見といふなら、その逆に一般男性は皇族になれないのに対し、一般女性は皇室に嫁げば皇族（皇后や親王妃）になれるのです。決して女性に対する差別や偏見とは言へないのではないでせうか。

また、皇位が秋篠宮家の系統に移ることを嫌つてゐるやうにしか受け取れない発言をする者や、国体破壊主義者が皇室を思ふやうに偽装して、実は皇室を根本から覆すための活動としてなど、その他様々な要因から女系推進、容認が声高に叫ばれてゐるのです。同じ集団ながら甲の考へに立つて、女系を推進してゐるのに、その考へを聞く側は乙の考へに立つ者である場合があり、純粋な思ひも逆に悪に利用される可能性が相互にあるのです。

そして直宮でなければならないと主張する考への根底には「敬宮殿下が気の毒である」などといふ、変な恩情による声があるやうですが、皇位は「気の毒」などといふ上辺の感情に左右されるやうなものではなく、より重いものであるとの認識が必要なのです。それがわからないから今上陛下の聖断を仰ぐなどとの安易な考へが出てくるのであります。

再度確認すべき点は『皇室典範』の規定にある通り、現状では悠仁親王が御即位されることになるといふことです。そしてその後の皇位の安定した継承がいかになされるかが論点であるといふことなのです。この点は自明のことであるのですが、このことを理解できてゐない人もゐるやうなのできちんと明示すべき点であつて、これを亡きものにしようといふのは論外なのだと再度申し上げておきます。

男系至上主義は硬直した思考にあらず

男系至上主義の考へを「硬直した思考」と批判する向きもありますが、本当に万策尽きて女系に移らざるを得ない場合、さうならざるを得なかつたことに対して我々の子孫は聖断を拝することになるのであり、その場合は涙を呑んで歴史の偶然の場に際会したことを事実として思ふしかないのです。この時にはもう他の策はないのであつて、不本意をいふ術もないのです。しかし、現状ではまだまだ様々な対策は考へられるのですが、それと正面から向き合はうとしないのは何なのでせうか。、伏見宮家系統の御子孫の方の処遇についてどうすればいいのか、どうあるべきかを俎上にも乗せず、政府は過日これらの御子孫の存在を確認してゐないなどといふことを、国会で答弁をしてをります。重要な案件とわかりつつも真剣に向き合ふこともせずに、先延ばしにしてゐるのは皇室や天皇について謙虚に学ばうとしない国会議員の不勉強さと無知によるのです。そしてあまりにも安易に考へてゐることに憤りを感じます。これは以てのほかのことであります。

男系至上主義を「硬直した思考」と考へるのは早計で、直宮即ち女系に拘つてばかりゐる方が「硬直した思考」ではないでせうか。極論をいへば彼らは敬宮殿下に御即位いただくことが目標であり、それが結果として女系に結びつくといふことを充分承知なのであります。女系論の中にはここから派生してゐる考へもあることをあらためて整理しておく必要があります。もつと厄介なのはこれが今上陛下の叡慮である、直宮を皇位につけたいとの思召しであると勝手に忖度申し上げ、それゆゑ自分の主張は正しいのだと思ひ込んでゐるのではと思へる方がゐるやうです。さうでないと私には理解に苦しむ女系論者もゐるのです。

二千七百年にならうとする悠久のわが国史の中で、皇位継承も波乱万丈、様々の悲喜交々のことがありました。しかしそこには必ずや神慮が顕現して国体を保持することができた歴史で紡がれてきた成迹があります。近くは昨年の御即位の日の東京における急な天気の恢復があり、皇位継承者に欠けるといふ大いなる危機感を抱いたかの日に悠仁親王が御降誕なされるといふことがありました。かやうに人智では説明できない不思議なことが、我が国に起こるのは何なのでありませう。単なる偶然とは考へられない何物かを思ふのです。今年は『日本書紀』が編まれて千三百年となりますが、そこに記載された「天壌無窮の神勅」に信頼を置くべきです。これを疑ふことを吉田松陰先生は神勅疑ふの罪とされました。最後の最後まで至誠を尽くすこと、心の底から祈ること、これがいつか神明に通じ、それなりの結果が招来されるのです。我々の考へは硬直してをりません。実に柔軟な発想を持ちつつ、しかも根底には変はることのない誠の念があり、それは私情で揺らぐことはないことを確認したいものです。

選挙公約に女性天皇やら女系天皇やら

今しがた国会議員の皇室問題に関して不勉強や無知だと書きましたが、そのよい表れが平成三十年の参議院選挙の政党の公約に女性天皇やら女系天皇やらの怪しい文言が載つたことがありました。それに象徴されます。

公約に掲げた政党の議員の一人ひとりにこの女性天皇やら女系天皇がどのやうなものかを質問してみたいものです。それが何であるのかよく理解してのことなら、その確信的な犯罪の加担者として憎悪の念を抱きますが、ただ何となくの雰囲気でしかこの件を考へてゐないのなら、己の議員生活を辞めたらよいと思ひます。多分多くの議員諸賢（愚）は真にこのことを捉へてゐないと思ひます。殊に野党には女性・女系天皇の容認者が入り込み、勉強会なども持たれてゐると聞きます。与党が男系なら野党は女系、このやうに簡単に割り切れるものではないのです。皇室問題を政争の具にしてはならないといふ議員の矜持はどこへいつたのでせうか。反対や賛成などといふこととは土台が違ふことを認識すべきです。

それは同様に国民にとつても、きちんと教へられてゐない不幸があります。お互ひによくわからないまま、何となくの感情から、このことが政争の具になるといふ、恐れるべき愚行に深い憤りと悲しみを禁じえません。

そしてまた過去の為政者が遅々として対応に手を拱いてゐたことも、このやうな実に悲しいことになつた原因でもあります。女系天皇、女性天皇（宮家）の如何といふことについて正面からまともな議論がなされなかつたことが原因で、あつてはならない異常な事態に陥つてゐても気がつかないのであります。拉致問題も同じことで、何といふことでありませう。

再び男系継承

令和の即位の礼の前に自民党有志が男系継承が当然であつて、場合によつては旧皇族の復帰もあるべきだとの案を安倍首相に提出したことがありました。このやうな営みが実は大切なのであります。マスコミもこれを取り上げ、多くの国民がそのやうな事実を広く普く知ることが重要であります。何度も述べますが女系・女性の問題は性差によるものではなく、また感情や時の雰囲気から議論されるべきものでもなく、悠久の皇室の歴史と伝統に立つものでなければ後世に大きな瑕瑾を残すことになるのです。

私は「女系論は反天皇勢力に利用される可能性がある」と何度も警鐘を鳴らしてゐるのですが、これについてある方から、男系のみを主張すればするほど、女系に落ち着いた時に、逆に反天皇勢力に男系理論が利用され、「女系は皇統にあらず。この皇室は何者でもない」とされる可能性があるではないか、との疑問が寄せられました。冷静に考へればおわかりになることですが、反天皇勢力は男系にしろ女系にしろその目的は所謂「天皇制」の打倒にありますから、その時の論理の構築に自分に都合のいいものを利用するだけです。男系を声高にいふことが後世弊害を及ぼすなら、及ぼすことがないやうに男系に落ち着くやうにすればよいのです。何度も言ひますが女系に落ち着いた場合はその後に及ぼす様々な弊害、憂慮すべき問題を抱へなくてはならないといふことなのです。反天皇勢力や男系主義者の双方からも「これは皇統にあらず」と言はれることは目にみえてをります。

ただ女系と違ひ、男系を守るにはいくつかの乗り越えねばならない問題点があります。そのことは以前に縷々として述べてきた通りです。しかしそれでも国民は智慧を絞つて、個々の感情を排除してこのことを真剣に考へねばならないのです。「皇統は男系にしかない」といふことを大前提とし、では、男系をどうしたら保持し、さらに将来まで憂慮すべきことを除いた真の安定性を保てるのか。といふことに向き合ふべきなのです。これは無理だから女系に、これは難題だから女系でもいい、といふやうな安易な考へは捨てて、男系である、それならかうしたらいい、かうすべきだといふ論点から始めるべきなのです。男系女系で議論することはもはや時間の無駄です。これはもうやめにして、やや過激かもしれませんが男系をどう維持するかといふことだけを議論の土俵にのせて考へるべきではないでせうか。

今回の即位の礼を見ましても、男性皇族の少なさを如実に感じました。皇嗣殿下が黄丹袍を召され、常陸宮殿下が車椅子であつたため洋装でありましたので、黒袍の束帯の皇族が他においでになりませんでした。これを平成の即位の礼と見較べても皇位継承の安定的な検討が早急になされる必要を痛感します。そして、即位の礼の日の、あの晴れ間に思ひを致せば皇位のただならぬものを実感するのであります。

世襲宮家

さて、ここであまり知られてゐない、伏見宮家の男系による御血脈が今に伝へられてきた事実について詳しく述べませう。今上陛下から見て遠縁にあるとしても、伏見宮家には崇光院以来の御血脈の御意識が深くあつて、直系の皇統とはまた別に世襲宮家として独自の宮家の御血脈の尊厳を認識されてきたのです。この視点も重要でありますからそのことについて述べてみます。

慶應三年に十六歳で明治天皇が践祚なさつた時、御父君の孝明天皇の御血筋をお持ちの直系の皇族は孝明天皇の妹宮（明治天皇の叔母）で桂宮を継がれた淑子（すみこ）内親王と、同じく親子（ちかこ）内親王（徳川家茂へ降嫁の和宮様、静寛院宮）の御二方だけでありました。その点では実に心細いものであつたと思ひます。そしてまた明治天皇には皇女は多くおいででしたが、皇嗣の皇男子で成年されたのは明治十二年に御降誕遊ばされた嘉仁親王（後の大正天皇）御一方のみでいらつしやいました。多くの御側室をお持ちの明治天皇でしたが皇男子に恵まれず、これは天皇のみならず明治国家の大きな悩みでもあつたと思ひます。直系男子の皇位継承者が一人であるとの、この点においては令和の今日も同じであります。

また明治天皇が御即位の折に、桂宮、閑院宮、有栖川宮、伏見宮の四親王家（世襲宮家）には何人の皇男子がいらしたのかと申しますと、桂宮家には先にも述べた淑子内親王がおいででしたが、女性で後嗣なく、この宮家は明治十四年に廃絶しました。閑院宮家は、天保十三年に愛仁親王が薨去されたのち、三十年近く御当主不在の空位の状態でありました。徳川時代には宮家に御当主が不在でも、宮家は存続できたのです。有栖川宮家には幟仁（たかひと）親王、その皇子熾仁（たるひと）親王、またその御子威仁（たけひと）親王、の御三方の皇男子がおいででしたが、明治天皇より若い方は威仁親王一方のみであり、この方は明治天皇の御養子と定められました。

伏見宮家

今一つの世襲宮家である伏見宮家は先述の桂宮、閑院宮、有栖川宮の三家が何れも徳川時代の創設であるのに対し、令和の今日から見て、六百年前の応永十六年（皇紀二〇六九）に北朝三代の崇光天皇の皇子栄仁親王を初代として以来相承し、幕末の文久四年（二五二四）に二十一代貞教親王が薨去された後、御父邦家親王が六十六歳で御当主を再承されたばかりでありました。しかし、この邦家親王には幸ひに皇男子が数多くいらつしやり、明治以降に創設された宮家はここから分かれた御血筋となります。第一皇子は勧修寺門跡から復飾なさつた山階宮晃親王で維新時五十三歳、第二皇子が聖護院から復飾の嘉言親王（同四十八歳）、後に久邇宮家を御創設になる朝彦親王が四十五歳、また仁和寺から御還俗の小松宮彰仁親王（二十三歳）、輪王寺宮（後の北白川能久親王）が二十二歳、他に博経親王（後の華頂宮、十八歳）、智成親王（十三歳）、貞愛親王（後に伏見宮二十二代、十一歳）、家教親王（後に臣籍に降りて清棲伯爵、七歳）、載仁親王（後に閑院宮家を嗣ぐ、四歳）、依仁親王（後の東伏見宮、二歳）がいらしたのです。明治天皇よりお若い皇胤は伏見宮家の御血筋で五人いらしたのであります。もつとも、当時は実際の親子関係ではなくとも、そのやうに見なす「猶子」といふ制度がありましたが、維新以前に孝明天皇の御猶子に御治定されていらしたのは山階宮晃親王でありました。このやうにみますと明治天皇から近い御血筋の男子皇族が皇太子嘉仁（よしひと）親王（後の大正天皇）お一人で綱渡りの状態であつた当時、既に四百五十年の隔たりがあつたとしても、伏見宮家一統の存在は皇位継承の確たる「皇胤」として、直系の皇太子嘉仁親王が成人したあとも頼もしい存在であつたことでありませう。結果的に大正天皇には皇男子が続いて四人も御降誕遊ばされ、昭和天皇にも皇子の誕生がありましたので、皇位継承に関して伏見宮家一統が顧みられることなく今日に至つてゐますが、もし明治の御代に直系の皇男子がお生まれにならなかつた場合、この宮家から皇位継承がなされることになりました。戦後、占領政策により皇籍を離脱させられましたが、なほその御血筋は続いてゐるのであつて、明治維新時と比較して考へれば何ら違和感や遜色はないのであります。

「皇胤」であること

近い将来に現行の皇室典範の定めのままに、秋篠宮家の悠仁親王殿下が皇統をお嗣ぎになる御代となります。その時殿下（陛下）に皇男子が幾人かおいでになると確信しますが、明治天皇の御時のやうに皇室の藩屏としての伏見宮家が存在してゐませんから実に心細いことになります。男子皇族が少なく、皇位継承が将来的に不安定であることは、この伏見宮家の御一統を「皇籍」といふ制度から離れた一般人と同じに扱ひ、この一事から無視してゐることによるのであつて、それでも「皇胤」であることには何ら変はりはないのであります。それゆゑに柔軟に考へてみれば、この明治の例に倣ひ、門跡寺院からの還俗同様に再び皇族としてお戻りいただく、または『皇室典範』を改正して、「皇胤の（皇統に属する）者は宮家の養子になることができる」と定め、後嗣がなく廃絶の憂き目にある常陸宮、三笠宮、高円宮家、または廃絶した秩父、高松、桂の各宮家に養子として迎へ、宮家の再興、継承をするやうに環境を整備すべきであります。これなら新宮家を創設せずに、皇位継承の安定といふものに繋がつていくことと思ひます。そして養子とあれば先の婚姻の問題もここには生じません。

これも何度も申し上げますが、このやうなことを考へる時我々は「今」の視点で物事を考へてしまひがちですが、皇室の歴史は長く悠久であり、過去を顧みた時に、先人が如何に考へ、また叡智を集めて皇統を維持してきたかといふことに深く考へを及ぼす必要がありませう。皇室の藩屏であつた宮家の過去の歴史から現代の皇統を見る目も必要で、宮家が存在してゐたからこそ皇統が今日にまで継承されてきた事実があることを深く考へねばなりません。

宮家の廃絶

明治以降の『皇室典範』が宮家（親王家）に皇族からの養子をも認めなかつたのはそれなりの理由があるのでせうが、この典範に遵ひ男子の後嗣がゐない折は、数代続いた名家の宮家も廃絶となつてきました。宮家が多くなつてゆくことを制限したためかもしれません。先述した桂宮家は、京都の桂離宮ゆかりの宮家でした。また近いところでは有栖川宮家の祭祀を嗣いだ高松宮家の廃絶がありました。高松宮家は名家有栖川宮家の廃絶を憂へ給うた大正天皇の思召しにより、皇子宣仁親王の御配偶喜久子妃殿下の御母が有栖川宮威仁親王の皇女（實枝子女王）でありました関係から旧称高松宮の復活と祭祀の継承をさせて、その御祭祀のみならず、書道の面では有栖川御流をお伝へになられたのです。戦後に他に秩父宮、（別の）桂宮の二宮家が廃絶し、このままでは、あとの三宮家も後嗣の御不在や女性ばかりでいづれは廃絶になる運命であります。

先に述べましたが、徳川時代までは宮家は御当主を欠いても廃絶はせずに存続してゐたのです。宮家には伝世の家料が給されてゐて宮家を維持管理する家司が仕へて御護りしてきました。家があれば宮家の直系の御血脈は一度絶えるものの、時の皇室から直宮の親王が嗣子にお入りになつたのです。桂宮家では六代作宮が薨去の後、霊元天皇皇子文仁親王がお嗣ぎになるまで当主を四年間欠き、また九代公仁（きんひと）親王の薨去後に、御配偶の寿子妃が十九年の間女子の御当主でいらつしやり、その薨去後は二十一年も当主を欠きました。文化七年（一四七〇）にやうやく光格天皇皇子盛仁（たけひと）親王が十代をお嗣ぎになられました。その後もまた仁孝天皇皇子節仁（みさひと）親王が十一代をお嗣ぎになるまで二十四年も当主を欠きましたが、桂宮家は存続したのであります。同様に有栖川宮家では初代好仁親王の薨去後十二年間当主を欠き、二代良仁（ながひと）親王は宮家を継承されたものの三年にして皇位をお践みになられて後西天皇となられました。それで三代幸仁親王が入るまで、十三年間御当主を欠いたのでありました。また閑院宮家では五代愛仁（なるひと）親王の薨去後、三十年近く当主を欠き、伏見宮家では十七代貞行（さだもち）親王、十八代邦頼（くにより）親王の継承の折に、数年の御当主不在の期間がありました。この時代、大名家では後嗣を欠けば取り潰しになつたにも拘はらず、宮家は当主を欠いても存続できたのは、宮家が皇位継承を安定ならしむるべき器であつたことによるのであります。この制度は今日のやうな時代にあつて、なほ傾聴の価値があることと思はれます。皇位継承の安定のためなら新宮家の設立も視野にいれる必要もありますが、御当主を欠いたとしても宮家を存続させ、その名を残し、祭祀を継承し、何れかの時にそこを皇族が嗣がれることを想定して準備しておくことも今後は考へるべきでありませう。

旧皇族の復活

さて、簡単に旧皇族の復活と申しましても、国民側にそれを迎へ入れる土壌がなくてはなりません。そこでまづ、皇室とその伏見宮家の御血脈をつがれる元皇族の宮家とがどのやうな御関係にあるかを熟知しておかねばなりません。伏見宮家からこれらの宮家の取立ては、みな幕末維新以降のことでありますが、伏見宮家から梨本、山階、久邇、小松（のち東伏見）、北白川、華頂の六宮家と清棲伯爵家、華頂侯爵の二家が分かれました。このうち久邇宮家から賀陽（かや）、朝香、東久邇の三宮家が分かれ、久邇公爵、東伏見伯爵の二家ができました。北白川宮家からは竹田宮家と小松侯爵、二荒伯爵、上野伯爵ができました。山階宮家から山階侯爵、筑波侯爵、鹿島伯爵、葛城伯爵といつた華族が分かれました。これらの家はみな終戦の時までは男系家系であり、父方が神武天皇の御血筋である男系の家はかやうに多くあるのです。ややもすると将来に大統をお継ぎになる方がこの宮家の御血筋から御出になるかもしれません。またこれらの宮家や華族が先述の通り明治時代に伏見宮家から分立して新たに創設された、歴史的にみて新しい宮家であることも承知しておく必要があります。

　ただここで新しいと申し上げましたが、伏見宮家の御血筋は北朝の崇光天皇以来、六百年にもなり、その間、男系一統の実系で、三十代に及ぶ御血脈を今日まで伝へてゐる事実があるのです。またこのうち竹田、北白川、朝香の三宮家には明治天皇の皇女が御降嫁遊ばされてゐますし、東久邇宮家には明治、昭和の両陛下の皇女が御降嫁遊ばされてゐて、そこから出た養子が継がれた壬生家も男系の近い御関係となります。皇族ではないとしても現在の皇室とも縁戚の関係で御交際があるのです。閑院宮家から出た光格天皇に先帝の皇女（欣子（よしこ）内親王）が配された歴史がまさにこれと同じことなのです。さう考へると男系皇統である上にさらに近代の皇室と婚姻を通じても関係があつて、竹田、北白川、朝香、東久邇の四家は殊に皇位継承の御資格を充分に兼ね備へられておいでであることがおわかりになりませう。そして、北白川家以外はもちろん男子がおいでの由、漏れ聞こえます。

ここで六百年といふ数字が気にかかるやうですが、この六百年は遠いのではなく六百年も確として男系を伝へてきた事実があつて、これが実に重いのであります。長い歳月を経ようが皇統の御血筋には相違ありません。先にも書きましたが、明治時代に直系男子が御不在のままでいらした場合、当然皇位はこれらの宮家から嗣がれることとなつたのであり、その際誰が六百年の遠さを問題にしたでありませう。逆にそのやうな宮家が存続してゐたことを神意として有難く思つたことでありませうし、我々もそのやうに思はねばならないのです。男系の御血筋を保つてゐることの尊貴さは、時代の物差しとはまた別のものなのであります。

それでは伏見宮家についてもう少し詳しくみていきます。

伏見宮家とは何か

「旧皇族の子孫の方」と申し上げた場合、この「伏見宮家」から幕末、明治初年に分かれた皇族（宮家）のことをいひます。そこで伏見宮家とはどのやうな宮家なのか、また六百年前に分かれた皇統の持つ今日的な意味を考へたく思ひます。

伏見宮家の始まりは六百年ほど昔のことで、南朝と北朝の二つが並立した時代に遡ります。北朝三代の崇光天皇の皇子の栄仁親王が晩年に京都の南の伏見の地に御住まひになられて「伏見殿」と称し、一つの宮家としてお取りたてになられたことによります。本来はこの、栄仁親王は北朝の皇統を継ぐ御資格をお備へでいらしたものの、御父である崇光天皇が観応の擾乱に際会し、南朝側によつて廃位されるといふ、「正平の御一統」があつたため、北朝の皇位は崇光天皇の皇弟である弥仁親王（後光厳天皇）に移り、直系の栄仁親王は皇位の継承を断念して、宮家として北朝の皇統を輔翼する立場となられたのです。南北二統に分かれた上、さらに北朝が二つになつたとお考へ下さい。北朝は後光厳天皇以来この皇統が世襲していき、その後の南北両朝が合一になり、神器は南朝の後亀山天皇から北朝の後小松天皇に渡御することになりました。明治の南北正閏論以来の考へでいきますと、ここで皇位が北朝に移ることになりますが、正閏論以前は北朝を正統としてゐましたから、そのこともお含み置きください。このあと皇位は実仁親王（称光天皇）がお継ぎになりましたが、残念ながら御病ひによつて崩御され、その後に後嗣を欠くといふ事態になりました。その時に先の栄仁親王の皇子で、伏見宮家三代の貞成親王の皇子である彦仁親王が皇統をお践みになりました。これが後花園天皇でございます。既に祖父栄仁親王は薨去されてをりましたが、ご自分の無念は皇孫によつて果たされたのであります。御父である伏見宮貞成親王はご自分の皇子が皇位についたことは、父のご無念を継いだ身としてこの上ない感慨をお持ちになられたことで

近代宮家の系図

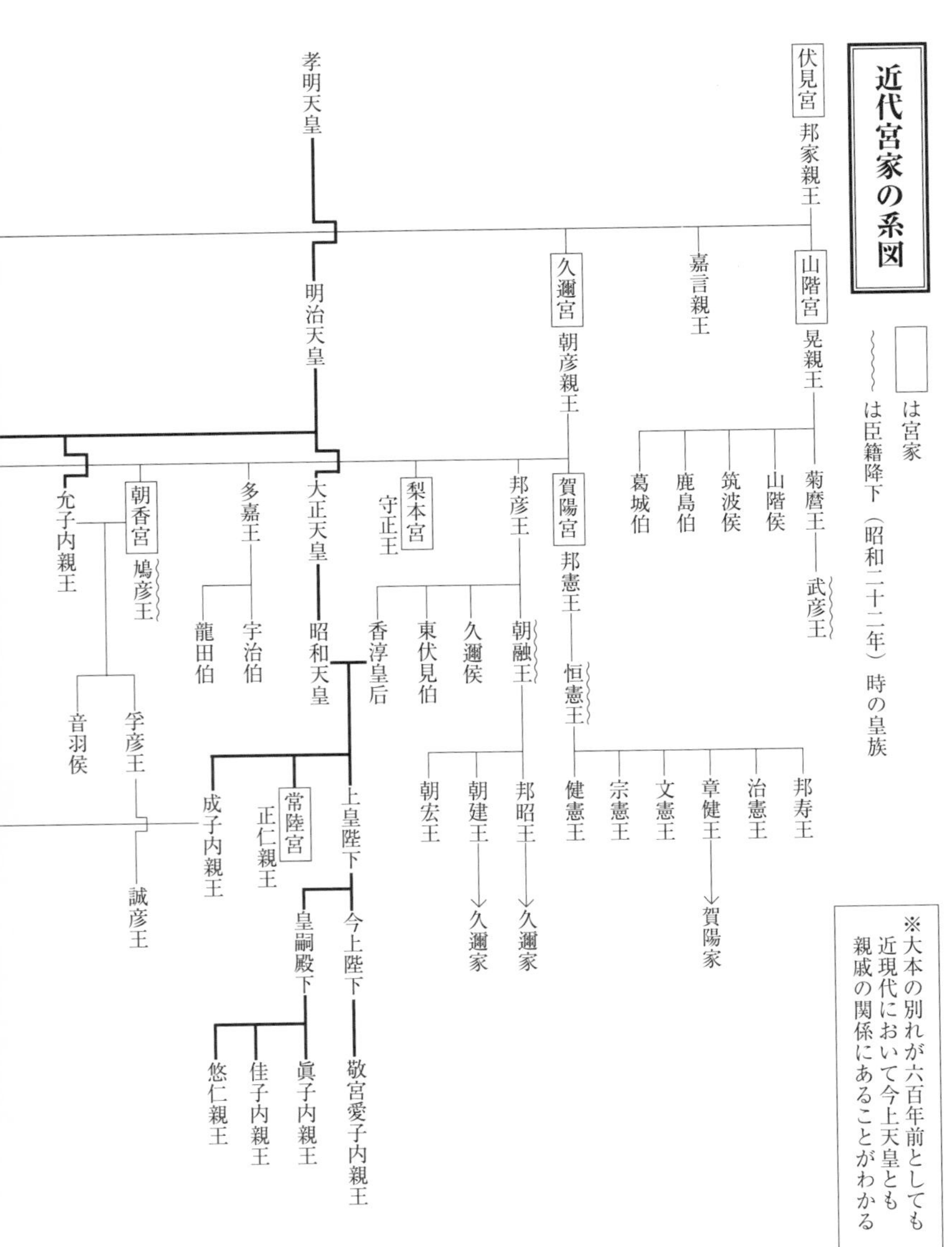

※大本の別れが六百年前としても近現代において今上天皇とも親戚の関係にあることがわかる

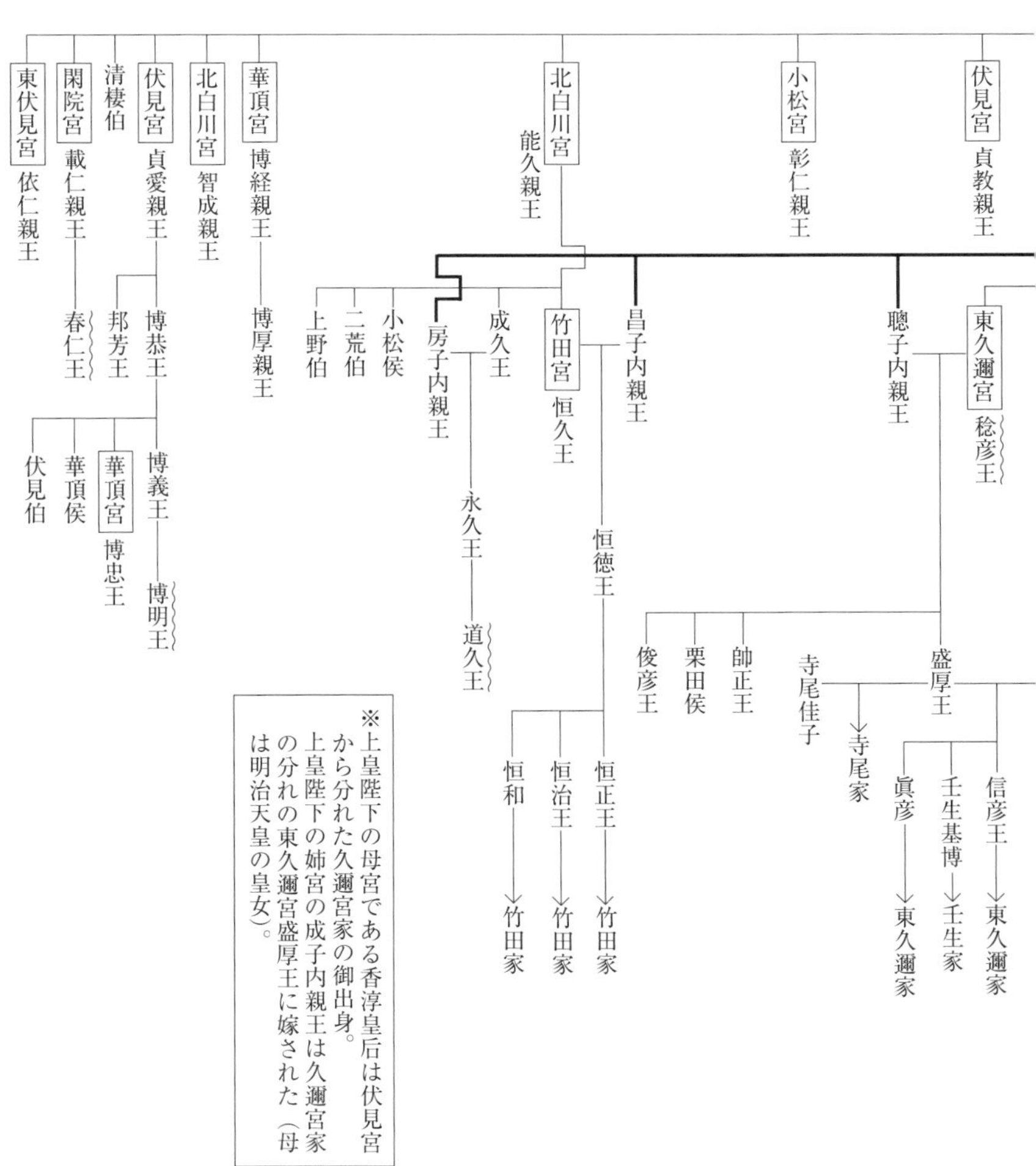
東伏見宮
依仁親王
閑院宮
載仁親王
春仁王
清棲伯
伏見宮
貞愛親王
邦芳王
博恭王
伏見伯
華頂侯
華頂宮
博忠王
博義王
博明王
北白川宮
智成親王
華頂宮
博経親王
博厚親王
北白川宮
能久親王
上野伯
二荒伯
小松侯
房子内親王
成久王
永久王
道久王
竹田宮
恒久王
恒徳王
恒和
竹田家
恒治王
竹田家
恒正王
竹田家
昌子内親王
小松宮
彰仁親王
聰子内親王
俊彦王
粟田侯
師正王
寺尾佳子
寺尾家
盛厚王
眞彦
東久邇家
壬生基博
壬生家
信彦王
東久邇家
伏見宮
貞教親王
東久邇宮
稔彦王
※上皇陛下の母宮である香淳皇后は伏見宮から分れた久邇宮家の御出身。上皇陛下の姉宮の成子内親王は久邇宮家の分れの東久邇宮盛厚王に嫁された（母は明治天皇の皇女）。

あつたと思ひます。この後、現在までの皇統と伏見宮家の統はこの貞成親王から分かれたのであります。親王は天皇（後花園天皇）の父である御身ですので後に後崇光院との追号を贈られました。また親王は大変文事に長けた方であつて、あらゆる学を修めた宮様でおいでした。『看聞御記』といふ御日記をお書きになつてゐます。また皇子である後花園天皇はじめ御子孫のために、御訓戒の書である『椿葉記』をお残しになられました。椿葉とは皇室の繁栄を意味するといひ、ご自分の長子の子孫がこの後皇位を伝へていくこととなる御覚悟と、次子貞常親王が嗣いで行く伏見宮家の繁栄のためにと、祖父崇光天皇以来の伏見宮家の御事績を記したものです。伏見宮家においては後代の亀鑑として大切に仰ぎ尊んできた書物であります。

御行末の嘉瑞もあらはれて、寶算も千とせたもたせ給　御子孫も萬代かぎりなく繼体守文の皇統にわたらせ給はん

貞成親王はかやうに『椿葉記』にお書きになられ、皇統の弥栄を御祈念遊ばされるとともに、また「（伏見宮家の）若宮をば始終君（天皇）の御猶子になし奉べければ　相構て水魚のごとにおぼしめして御はこくみあるべきなり」と、伏見宮家の若宮を天皇の猶子として、お互ひに何かあつた場合は皇統を支へ合ふ双方補完の関係を保つやうにとお諭しになられてゐる

のです。「猶子」とは実の子ではない場合でも子と見なす制度をいひます。この貞成親王の思ひはその後六百年にわたり、皇統と伏見宮家が存続してゆく基ゐとなつたのです。さういふ意味でこの相互の関係はこの時以来重要なものであつて、いよいよ令和の今日になつて「君の御猶子になし奉べけれ」の思ひが現実味をもつてきたのであります。再度申し上げますが、この貞成親王以来一統は男系皇統として今日に、また伏見宮家の御血筋も男系として今日まで、それぞれ六百年近く相承されてきたのであります。

伏見宮家の歴史

徳川時代初期の『有職袖中抄』には宮家の存在理由、殊に伏見宮家について次のやうに書かれてゐます。

定親王トハ伏見殿ノ如キ永代不易ノ親王ナリ、是ハ帝ニ御子ナキ時ニソナヘ玉ハンノ義也

かやうに伏見殿は徳川時代のこの当時にして、分かれて以来既に三百年の隔たりがあらうとも、このやうに「帝ニ御子ナキ時ニソナヘ」るためだと認識されてゐたことがわかります。

このやうに男系の皇胤で継承されて来た伏見宮家でありましたが、江戸時代の中ごろに霊元天皇の皇女福子内親王が十四代邦永親王のもとに入り、皇子貞建親王には東山天皇の皇女秋子内親王が入られました。ここで男系皇統である上に女系としても加はります。そして宝暦九年（二四一九）、その孫で十六代にあたる邦忠親王が御年二十九歳で薨去になられたことにより、その後の継嗣の問題が急に浮上しました。伏見宮家では「崇光院已来實子連続之間不断絶系統」と、崇光天皇以来の血脈をあげて、亡き邦忠親王の御弟宮で僧籍に入つておいでの勧修寺門跡寛宝入道親王、青蓮院門跡尊真入道親王のいづれかが還俗されて継承することを希望しました。しかし一度出家された方が還俗されて宮家の当主を継承された例は過去にないとの、朝廷側からの意見もあつて、結果は朝廷側の考へが通りました。それで当今である桃園天皇に皇子が誕生されれば、その親王が伏見宮家を継承するといふことになりました。宮家は当主を欠くこと一年、翌宝暦十年に御誕生になられた桃園天皇の皇子の貞行親王がすぐさま伏見宮家十七代の御当主を御継承になられたのです。このことは桃園天皇及び御父桜町上皇の御意志でもありました。これにより三百五十年続いた伏見宮家の血筋は皇統と入れ替はることとなつたのでした。

当時の桂宮、有栖川宮、閑院宮、伏見宮の四宮家（世襲親王家）の当主と当今（とうぎん）の桃園天皇との御関係を見てみると、桂宮家では当主の公仁親王が桃園天皇の御曾祖父の霊元天皇の皇孫、有栖川宮家では当主の職仁親王がその霊元天皇の皇子、一番近い関係の閑院宮家ではその当主の直仁親王でさへ天皇の祖父中御門天皇の皇弟といふ関係でありました。そして伏見宮家は初代から数へて三百五十年、代数も二十に近く、男系皇統を嗣いできたことは確かであつたものの、他の三宮家と比べてかなり遠い関係でした。そこで桃園天皇は、ここで御自らの皇統をこの宮家に入れる必要を御考へになつたのでありませう。宮家の当主が御不在の折、天皇の皇子がそれをお継ぎになる慣はしは過去に幾度かありましたので、これで貞行親王に皇子がご誕生になれば伏見宮家は他の三宮家よりもなほ皇統に近づくことになりました。しかし貞行親王は宮家の御当主でいらつしやること十三年、御年若くして後嗣なく薨去され、再び伏見宮家は当主を欠くことになつたのでありました。ただ、過去の歴史を今日から振り返つてみますと、仮に貞行親王が御長寿でいらしたとしたら、御実兄である後桃園天皇がこれまた若くして崩御された後に、皇位が閑院宮家（光格天皇）へ移ることなく、この伏見宮貞行親王が皇位を御践みになられる身位でおいででしたから、後桃園天皇の次の天皇は伏見宮家から践祚なさることになつたのです。さうするとまた宮家の後嗣問題が浮上したことでありませう。いつの時代も歴史はこちらが考へるやうにうまくいかないものであります。

「伏見殿の血脈」「家系無比類の由」

さて貞行親王の薨去により再び当主を欠いた伏見宮家では、ここでまた宮家継承の議論が再燃し、宮家方は先の寛宝入道親王を還俗させて、伏見殿の御血筋による宮家の相承を熱望したのです。一方、朝廷側は後桃園天皇に第三皇子が降誕した場合その皇子が、またそれが難しいとなると、閑院宮典仁親王の皇子である精宮を当主にするとの代案を考へました。いづれも当今の後桃園天皇との関係の近い親王を以て継承するべきとの考へを示したのです。やはり三百五十年の遠さへの考へがあつたのでせうか。これに対して伏見宮家方は崇光天皇以来の「伏見殿の血脈」「家系無比類の由」、貞成親王述作の「椿葉記之趣意」などを挙げて、この宮家の御血統の尊重を主張したのであり、また幕府方にも働きかけをしたのであります。この結果として今度は宮家方の希望が通り寛宝入道親王が還俗されて、邦頼親王と称して第十八代をお継ぎになられたのでありました。崇光院以来の伏見殿の御血筋はかやうにして守られ、今日に至ることになるのです。遠いとはいへいづれにせよこれも男系の皇統であることには違ひはありません。

さてこの一件が語ることとは、歴史を経るうちに崇光院以来の伏見殿の御血筋がそれなりに重みを持ち、それを尊重するやうになつていつたといふことであります。朝廷側から見れば直系の、時の天皇の御血筋に近づけるといふことであつても、また伏見宮家の御立場は崇光天皇以来の血筋を守ることにありました。これは別段対立するものではなく、どちらも皇統であり、当事者にとつてはいづれも男系直系にほかなりません。後桃園天皇が宝算二十二を以て急遽崩御なさつたのは、このことを巡り皇子が誕生した場合、宮家を継ぐことになるのを嫌つて伏見宮家で呪詛調伏したからだとの穏やかならぬ噂があつたといふのも、裏を返せば宮家の血筋を守ることの重要性を示してゐるのでありました。

再度申し上げますが、この御血筋はどちらとも「男系皇統」といふものには変はりはないものでありますが、かやうに男系皇胤を守る意志の、危惧にも似た強固な信念があつて、今日までこの男系の血脈が維持せられてきた事実があるのです。これが実は重要なのです。直系の男系皇統はまた尊貴なものでありますが、伏見宮家における崇光天皇から続いた男系の直系に対する自負はまた重いものであり、それがまた系図として明らかであるのです。自然に放つておいて六百年続いたのではありません。六百年の歴史の重さとその系図が明らかであることは伏見宮家がいかに皇室において重要な位置を占めてゐるかを証明してゐるのです。皇室系図を眺めた時、今上天皇に至る一系は粛然と理解ができても、その分かれの「伏見宮家」の一系にはなかなか気が付かないことがあります。しかし、明治以降に設けられた多くの宮家（皇族）はこの伏見宮家から分立したのであり、いづれも崇光天皇以来の御血筋を六百年も男系で伝へてきてゐる家なのであります。この伏見宮家から明治になつて分かれた久邇宮家から香淳皇后がお出になります。かう考へると、今の上皇陛下の御血筋は父方は皇統、母方は伏見宮家に繋がる男系であつて、そのやうに近い関係にある点をも見逃してはなりません。

傍系も皇胤であり男系である

皇統を見る上で直系を考へれば当然傍系といふ見方も生じてきます。ただ心得ておかねばならないことは、傍系であつても皇胤であり男系であるといふことです。皇室系図を見ればわかる通り、傍系の存在があつて皇位が継承されてきた事実を深く認識せねばなりません。それゆゑに世襲親王の宮家が設けられたのであります。伏見宮家が世襲親王家として特立されるのは南北朝合一後のやうであります。二代治仁王は親王宣下を受けてゐませんが、康正二年（一四五六）、四代貞常親王が後花園天皇の勅許を受けた時に成立したと考へられてをります。

宮家から天皇が御即位された例も、それ以来は三例あります。この伏見宮家からは後花園天皇が御即位され、有栖川宮家からは後西天皇が御即位になり、また閑院宮家からは光格天皇が即位されたのです。さう考へると別段不思議なことではないのです。傍系とも見えるものが、ある時直系となる、それは男系の御血筋のしからしむるものなのです。今上天皇に及ぶ、男系百二十六代、二千六百八十年を超える皇統は、自然に放つておいて今に至つたものではありません。長い歴史の繰返し中で皇統断絶の危機や憂慮すべき事態が幾度かあつたのですが、その都度朝廷の廷臣や国民はその時の叡智を絞り、また身を挺して男系皇統の維持のために努力し、万全を期してきたのであります。

またこれとは別に戦後七十年、民間にあつた方に皇位継承権を付与することに抵抗があるとの考へもあります。民間は九重の内とは相違し、ある面で利害関係など様々な雑事があることはわかりますが、そのためしかるべき御血筋の方の中でなるべくまだ世慣れなさつてゐない若く幼き方を、その対象としてお迎へ申し上げることが良策であらうと存じます。できれば悠仁親王殿下と同じか、やや下の年齢の方一人二人に現存宮家に御養子としてお入りいただき、殿下ともども御教育をお受けになられ、皇室の今後のあり方とご自身の置かれた立場をよくよく御認識いただくことが必要となつてまゐります。ただし、皇位継承の順位については男系の、また御血筋の近い順といつたことが明記されることが必要となりませう。

宮家の臣籍降下の時の証言

終戦時の宮内省総務局長で戦後の宮内府次長を勤めた加藤進氏は昭和五十九年に、戦後の宮家の臣籍降下（昭和二十二年十月）の折のことを「戦後日本の出発　―元宮内次官の証言」と題して次のやうに証言してゐます。

皇族には天皇と秩父、高松、三笠のいわゆるお直宮とそれ以外の皇族とにわかれますが（中略）とにかく天皇とお直宮を守ることが絶対に必要だった当時の状況から考えたとき、ぜひとも臣籍に自ら降下していただく以外にはありませんでした。

――しかし、皇位の継承者が少なくなることで皇統が絶える心配はありませんでしたか。

それについては重臣会議の折にも質問を受けたところです。その時、私が答弁に立ちました。鈴木貫太郎元首相が質問しまして、「今日、皇族の方々が臣籍に下られることがやむを得ないことはわかったが、しかし皇統が絶えることになったならどうであろうか」との意見がありました。私は「非常にその点は心配です。しかし、皇太子殿下もいずれは御結婚をあそばされるでしょうし、また三笠宮殿下にも御子息がいらっしゃるのでなんとかなるとは思います。しかも、離脱なさる宮様方につきましても、これまでの皇室典範からいって皇位継承権を持っておられるのでございますから、皇族を下られるにつきましても、宮内省としては全力をつくして充分な生活費をお与えし、品位を保つだけの費用は用意いたすつもりです。これについての成算はございます。」と述べ、また「万が一にも皇位を継ぐべきときが来るかもしれないとの御自覚の下で身をお慎みになっていただきたい」とも申し上げました。（「祖國と青年」七十一号）

ここからもわかるやうに、戦後の宮家の臣籍降下（皇籍離脱）は占領軍の皇室経済凍結により、自らの意思で降下される形をとったのでした。そして皇位継承権があるので、その品位を保つようにしなくてはならない用意があると言ひ、「万が一にも皇位を継ぐべきときが来るかもしれないとの御自覚の下で身をお慎みになっていただきたい」とも申し上げたというのです。この時はまだ皇太子殿下（現上皇陛下）も未婚で、これからの期待もあつた中で「万が一にも皇位を継ぐべきとき」の御覚悟を申し上げたそのことが、令和の今日に事実として迫つてきてゐるのです。

このことに関して『昭和天皇実録』には次のやうな記述があります。昭和二十二年十月十三日に新皇室典範初の皇室会議があり、伏見博明王はじめ王妃ならびに直系卑属の方が「その意思により」皇族の身分を離れることになった。翌十四日に十一宮家五十一方が皇族の身分を離れる旨、宮内府から告示、新たに戸籍を設け、宮号を姓とすることとなつた。昭和天皇はこの時甲信越方面を御巡幸なさつておいでてしたが、帰京後の十八日に朝見の儀を行はれ、離脱の皇族方に次の勅語を賜ひました。

永く皇族として誠衷を尽くされたことを満足に思ひます。今後困難なことも多いと思はれますが、いよいよ自重自愛せられることを望みます。

これに先立ち離脱の皇族方は宮中三殿に拝謁になり、また夕刻からはお別れの晩餐会が赤坂離宮で開かれ、「従来の縁故と云ふものは今後に於いても何ら変るところはないのであつて、将来愈々お互いに親しく御交際を致し度いと云うのが私の念願であります。みなさんもよく私の気持ちを御了解になつて機会ある毎に遠慮なく親しい気持ちで御話にお出でなさるように希望致します」。

『昭和天皇実録』には昭和天皇のお言葉として、明確に将来の皇位継承についての言及は書かれてゐないものの、「自重自愛せられることを望みます」の一文に多くの思ひを込められておいでであつたのではと拝察するのです。これから七十余年経過して今があるのですが、当時そのやうなことをも議論の対象になつてゐた事実を深く考へるのです。

臣籍であらうとも

ここで視点を変へて、一度臣籍に降下された方で皇位に就かれた例についてお話し致します。平安時代の昔のことでありますが、この先例に宇多天皇がおいでになります。宇多天皇の御父は光孝天皇でありますが、この天皇は五十五代文徳天皇の皇弟で、皇位は兄の直系が継いでいくことになつてゐましたので、皇位とは縁遠い方でありました。しかしながら兄の皇孫にあたる五十七代の陽成天皇がやや乱虐な御性格により宮中である事件をおこしたため皇位を辞され、御自身が急に皇位を践むことになりました。本人もさぞや驚かれたことでありませう。陽成天皇には皇子がおいでになりますので、その遠慮から自分の皇子にはみな源氏の姓を賜ひ臣下とされ、自分は一代だけの天皇であることを世に明示されたのでした。しかしながら光孝天皇の崩御間際まで適宜な皇太子が定まらず、御子様で臣籍にあつた元皇子の源定省（みなもとのさだみ）が即位され、宇多天皇となられました。『大鏡』には先に譲位された陽成上皇が「当代は家人にあらずや」（今の天皇は家臣であらうに）と仰せになつたと書かれてあります。

　このやうに一度皇籍を離れた者が皇位を践むことは、本人にとつてはかなり厳しい環境であり、上皇のこのお言葉はかなりの屈辱であつたことと思はれます。宇多天皇は『宸記』を残されてゐて、殊に御即位早々に起きた阿衡の紛議は大変な事件でありましたが、お悩みのことや、逆に御自覚がよく拝察されるものであります。この後、宇多天皇は皇子の敦仁親王（醍醐天皇）に譲位されます。実はこの醍醐天皇は父宇多天皇がまだ臣下であつた時に生まれてをり、源維成と申しました。父の即位とともに皇族になり、名を敦仁（親王）と改めました。宇多天皇が一度臣籍に降下されたあとに、臣籍から天皇になられた唯一の例であるとともに、醍醐天皇は臣籍としてお生まれになつた後、皇位を践まれた唯一の天皇であります。今後旧宮家の子孫の方に皇籍復帰を願ふといふことは、いつか臣籍でお生まれになつた方が天皇に即位される場合もあり得るといふこととなります。しかしその先例はすでに醍醐天皇に求められ、取り立てて何かと問題にする必要はありません。二千七百年に及ぶ皇統の歴史を鑑みれば、様々な前例があることに気付きます。

　宇多天皇は上皇となつたあと、我が国で初めての太上法皇となり仁和寺を御創建になりました。門跡寺院としての格式ある仁和寺はここに始まります。また延喜の治と呼ばれる聖の御代はこの皇子である醍醐天皇によつてなされたのであります。傍系だとか臣下の子、生まれは臣籍などとの声はもはや聞こえないどころか、平安の治まれる世は、皇子の村上天皇の御治績とともに後世に「延天の治」と称されるものであります。天皇の御記である宸記で現存する最古のものはこの宇多醍醐両天皇のもので、これは『列聖全集』の宸記部の最初に収められてをります。北畠親房公の『神皇正統記』はこのことを「上は光孝の御子孫、天照大神の正統とさだまり」と記してゐます。辛い思ひで皇位についた宇多天皇であり、それなりの御心労もおありのことでしたでせうが、孫の朱雀天皇（村上天皇の皇兄）が即位なさるのを見届けたのち数年してお隠れになりました。自らの皇統がこのまま平安に続くといふことを確信された安堵の思ひをなされたことでありませう。このやうに皇位＝国体を守るための、ただならぬ努力は皇室側にも国民側にもあつたのでして、これが我が国の国史であり、皇統を護るといふことになるのです。我々はそのやうな歴史に学ぶ必要があります。

旧宮家の方の皇籍復帰後の問題

ところで旧宮家の方の皇籍復帰が叶つた場合、そのあとに生じるいくつかの問題を指摘しておきます。その一つは法改正がなり、手続きを経て旧皇族の血筋を引く方の復帰が可能となり、現在の皇室と血筋をはじめ一番近い縁故のある男性一人に、皇籍を付与することになつたとします。この場合、この時点でこの方に皇籍は付与され、皇族となりますが、皇位継承権は「直系優先」であることを確認しておく必要があります。そして称号は親王なのか王なのか、その違ひは何なのか、『皇室典範』にどのやうに定めるかの問題も生じます。明治以降多くあつた皇族はあくまでも直系の皇室の藩屏であるとの認識があつたと思ひますが、この宮家もそれと同じであります。ですからここでまた男子が生まれなかつた場合はどうするのかといふ問題も生じます。

次にその男性皇族は一つの新たな宮家を創設するのか、現在ある宮家に養子としてお入りになるのかの問題が生じます。新たに宮家を創設した場合と、養子に入つた場合とで、その方の称号はどうなるのかも考へねばなりません。また後者ならば、現在ある宮家の祭祀継承を考へた場合、「皇胤（皇統に属する）の血筋方は養子になることができる」と法を改正して、新たな宮家を創設するより、養子として宮家を嗣いでいただき、祭祀を継承される方が望ましいと思ひます。その場合の称号は、これも法を改正して「親王」とされるべきでせう。

最後の問題は、このやうに新宮家の創設や宮家への養子継承ができましたが、有難いことに悠仁親王に皇子が多くお生まれになり、直系の宮家がいくつか創設された場合における、この皇籍復帰宮家の御処遇がどうなるかの問題です。これは近い将来に生じる可能性があります。直宮に男子が多く生まれ、またこの宮家にも同様なことがあつた場合、どこまでが新たな宮家の創設になれるのかといつた予測が必要になりませう。ただし、その宮家にも二代、三代後に必ず男子が生まれる確約もありません。かやうに二代、三代先を見据ゑなければなりませんので、その時代にこれをどのやうに法制化するのか大変難しい問題を子孫に残していくことになります。これが皇籍復帰後に伴ふ問題であります。

「皇位の正統」を求め

我が国の国民意識として実際に過去に女系の天皇を戴いてゐないといふ点から、国民はその不安定さを充分に認識してゐます。母方の親、即ち外戚による政治利用といふ歴史を経験してゐる以上、父方の外戚の力がもつと甚大であること、ここに不安定さの要因があることを知つてゐるのであります。

そして仮に御聖断によつて、「女系もやむなし」とされ、ここに女系天皇への途が開かれたとします。しかしこれに対して、いつの日にか「皇位の正統」を求める国民の声が上がらないとも限りません。伏見宮家の男系の方こそ、本当は皇位を践むべき方であつたのに、あの時の政権が誤つたのだ、御聖断を隠れ蓑にして大きな瑕瑾を残したのだ、との批判が高まり、再びここで皇統両立する事態も起こりかねません。やむなく女系に落ち着いた場合、私どもの世代では必謹の文字通り「などすめらぎはかく思し召されたか」とやむなくも御同意申し上げたとしても、その後の遠い（近い）将来に皇統分裂の火種を残すことになること明らかなのです。男系継承が神意であつた以上、いつかは男系に戻ることに神意が働くのであつて、これは人間の力ではどうにもなりません。その時に国内が分裂して争ふこととなるのです。その覚悟が悲しくも必要になつてきませう。これを避けねばならないために、先にも申し上げた通り「基本は崩してはならない」といふ皇位の「正統」の意識、信念を持つことなのです。繰り返して申し上げますが、女系皇統なるものは存在しません。女系論者には男系に落ち着いたとしても、これは従来の「基本は崩してはならない」といふことに遵つたまでであつて、やはりさうなつたかとの納得の着地点がありませうが、「皇位の正統」に依拠する男系論者にとつては、女系を表面的に受け入れたとしても納得できる着地点はなく、将来の大きな禍根を残すことになつてしまふとの憂慮しかないのです。

国会議員の望ましいあり方

令和の御代の長久を祈る一方で、御高齢におなりになつた場合の天皇陛下と皇嗣殿下との六歳といふ年齢差を考へた時に、皇位継承に関して想定されるいくつかのことを予想しておかねばなりません。令和の皇位継承儀礼が滞りなく済んだのでよかつたのではなく、早くも次の御代を考へ、用意しておかねばなりません。嘗ては崩御を受けての御代替りでありましたから、そのやうなことを検討することは憚られましたが、今回のやうに特例法で対処するやうなことが惹起するかもしれません。周到な準備が必要だと思ひます。

今回のことで明らかですが、全てにおいて国会議員といふ人々が動かない限り、あらゆることが通らない時代のやうです。議員を動かすだけの大きな国民の声や運動を展開しなくてはならないやうです。横田滋氏の無念が再び起こるやうではいけません。その点私などは非力でどうにもならないのですが、この議員諸氏に正しいあり方や我らの主張をどうやつて啓蒙してゆくかが大きな課題であるやうです。そして国会議員の天皇皇室に対する無知や不勉強を弾劾しなくてはなりません。もちろん見識ある立派な議員もゐますが、票だけにしがみつく連中や、また我らとは逆の方面に働く人がゐるのも事実ですが、所謂「天皇制」の廃止を謳ふ共産党以外は、このことについて本来は大同団結すべきであるのです。それができないのが悲しい現実なのであります。なぜさうなのか、大きな視点で国家の行方を見据ゑる力量がなくとも票数が入れば、誰でも議員になれる現状がよくないのです。

皇室の悠久の歴史と皇位の尊厳

二千七百年に及ばうとする我が国の歴史は実に悠久です。皇統も平穏に継がれてきたのではありません。そして国民の生活も時代によつて様々に変化してきました。しかし元々の国民性はさう簡単には変はらないものと思ひます。たしかに表面的な、または制度としての国の姿や皇室の在り方は時代により、変化が余儀なくされてきたのは事実であります。それだからこそ皇位や天皇といふものを論じる場合には「今」のみに固執して考へてはならないと思ひます。戦後七十余年の尺度など実に短いものなのですが、戦後の政治が「現在」しか見つめられない瑣末な人間環境を作つてしまつたのかもしれません。長い長い国の歴史の跡を見詰めれば、現在はほんの一瞬にすぎないのです。我々は過去と未来とをつなぐ「中今」の位置にあることを自覚しなければなりません。子孫に長くこの皇位と国を伝へ、またさらに子孫に伝へて貰はねばなりません。さう考へるとそこには女系などとの選択はあり得ないことに気づくのです。どうしてあの時代に皇統を女系にしたのか、何といふことをしたのか、などと子孫が嘆くことは避けねばなりません。後世の子孫に嗤はれないやうに今できることをやつておかねばならないのです。

何度も申し上げますが、私どもは「皇位の尊厳」を知らなくてはなりません。皇室の歴史を学ぶことが大切なのです。この「皇位の尊厳」に思ひを馳せた時に、心の底から恋闕の情が湧いてくるはずであります。これが我が国の国民性であるのです。その「皇位の尊厳」の源に神武天皇に遡れる男系の御血統があり、天照大御神に繋がる真の萬世一系の尊貴なる御姿があるのです。それが我が皇統であり、我が皇位であつてこの御血統に重大な「信」をおいてきたのです。あへて口には出さずとも、国民の考へや情の、深い心意の根底の中には、この悠久の皇統に対する思慕は必ずあるのです。たとひ私には無いと強弁する国民がゐたとしても、それはまだ発掘されてゐないか気がついてゐないだけなのであります。そのやうな方であつても我が山河の麗しさに接して涙する心情は失せてはゐないでせうし、この心情が皇室に寄せる思ひと同じものであることに気づくと思ひます。

以上申し上げた通り、伏見宮家の御連枝になる旧皇族の御子孫の方々に年代の長短、臣籍の有無などがあつたとしても、御血筋は正しくまさに親房公のいふ「天照大神の正統」に他ならず、皇位を継ぐ身になんら遜色はありません。皇位の安定的な継承の問題を考へた時に、現行の宮家への養子制度の確立を急ぐべきであります。

ここには、簡単では済まされない多くの現実があります。今後の動き次第ではどのやうになるのか不透明なものもあります。何れにせよ、この時代にこのやうな考へ方、見方があつたといふことを、きちんと書物にして残しておく必要から本書は筆をとりました。私の思ひが幾分かでもおわかりいただけましたら幸ひです。

第二章　譲位即位関係の問題

生前退位

天皇陛下（現上皇陛下）が平成二十八年八月に「おことば」（巻頭に謹掲）を発せられました。これは真に異例のことであり、その思召しが何であるのかと謹んで拝聴致しました。七月の下旬から天皇陛下に御退位（御譲位）の思召しがあるとの新聞報道があり、見出しに「生前退位」なる語が大きく書かれてゐました。この「生前退位」といふ語がまた不快な印象を与へました。たしかに『皇室典範』は天皇を終身制であると定めてゐて、御在位の途中での退位（譲位）を認めてゐません。認めるどころかそれすら想定してゐません。今日のやうな高齢化社会など考へもよらない時代での制定でした。ですから、たしかに「生前退位」に違ひはありませんが、退位（譲位）されるには生存されてゐることが前提ですから、なほさら「生前退位」の語に違和感を覚えたのでした。このことは皇后陛下（現上皇后陛下）も御憂慮なさり、「生前退位」の語にショックを受けたと仰せになり、その後自然に聞こえなくなりました。

ともかく、そのやうな情報があるのに、一方では政府も宮内庁も黙つてをりました。そして突然、「おことば」の発表がありました。その間マスコミは国民の声として高齢なのだから退位（譲位）もあり得るとの報道を流し、退位（譲位）歓迎の雰囲気を作つてゐました。国民も陛下の御身の大事を思つて、それもまた然りとする世論が形成されていきました。

確かに昭和天皇の崩御が宝算八十七、その御年齢に近づいた陛下がそのやうに思召しになられるのも無理もありません。明治天皇が御年十六で即位、宝算六十で崩御、大正天皇が御年三十三で即位、宝算四十八で崩御といつたことを考へると、六十近い御齢で即位された陛下は高齢となられて「全身全霊」を以て「象徴天皇」の務めを果たすための限界をお示しになられたのです。

陛下の思召しは充分に拝承、謹聴致しましたが、それでもなほ無理があるのではないか、難しいことであると考へました。陛下は最後の方に、これは「個人」のお考へであるとお述べであります。天皇には個人のお考へと、天皇といふお立場でのお考へとの二つがあらうと思ひます。そして個人のお考へである以上、詔書必謹でありながらも、思召しに応じられないこともあることと存じます。摂政を不要とする御思召しを示されましたが、様々な思ひが去来しました。なぜ明治の『皇室典範』は、天皇終身制をとり、不具合が生じた時には摂政を置くことを定めたのか、そして現行の『皇室典範』もそれを踏襲し、摂政とはいかずとも、臨時代行といふことで対処してきた過去があり、陛下の思召しであると容易に『皇室典範』に手を加へることは避けるべきだとの複雑な葛藤に悩んだのでした。この改正の機に乗じて国体の変更に及ぼす害が生じる場合も想定せねばなりません。要は退位(譲位)の名目で、時の為政者が陛下の皇位を簒奪する、恣意的に天皇を変へるなどの暴挙に出る可能性をもたせてしまはないかとの危惧、憂慮もありました。これが一番恐ろしいことであります。

陛下の思召しと皇位の尊厳・皇室の弥栄とをどう調整すべきかをよくよく考へた時、私はやはり終身在位なさるべきとの結論に至りました。明治の『皇室典範』の制定にあたつて深く討覈（たうかく）されたのは、我が国史の過去をよくよく慎重に顧慮し、今後も皇室の永久の弥栄を盤石にするものでありました。

天皇が終身御在位なさること

陛下は「おことば」の中で、先帝昭和天皇の御不予から始まつた自粛、また崩御以降一年に亘る諒闇についてのお考へを述べられ、それが大きな負担となることを御指摘なさいました。私はこれを何度も反芻してゐるうちに、昭和天皇の最後の全国戦歿者追悼式典への行幸の御姿が思ひ浮かびました。御病中にましまして玉歩たどたどしく実に御労しい御姿でありました。この時私は昭和の終焉が近いことを察しましたが、まだ陛下が御病気であらうとも、おはします限りは昭和は大丈夫であるとの確信をも持つてゐました。この秋に再び御病臥になられてもなほ国民の上を思召されて、稲の成育を御気遣ひなさり、また月をご覧遊ばされるなどとのことを漏れ承るにつけ、日々報道される御容態を気遣ひながらも、不思議な安心を覚えたのであります。そして一月七日の早旦の崩御に至るまで先帝は国民と共にあり、また自分も先帝と同じ昭和の時を過ごしてきたのであります。天皇が終身御在位なさるとはこのやうな国民との関係であり、国民は時代の区切りをこのやうに感知したのであります。この時一人の人間の死を以て時代を区切るのはをかしいとの声も聞かれましたが、そのやうな唯物的なものではなく、情理においてこれは事実でありました。

昭和の終焉は一瞬でありました。そこに深い悲しみと不安があつたのも事実でありますが、その中をすぐさま新帝が御即位され、平成に継続されることに、実は空位なき皇統のゆるぎなさを実感し、私の不安は払拭されたのであります。この緊張感ともいふべき時代の終焉と始まりに、一貫して動かぬ皇位皇統のあるといふ安心は体験した者なべての実感でありませう。この体験を過去幾年も、近くは明治大正昭和と紡いできたのであり、ここに我が国柄の不思議さと皇室と国民との絆の関係があつたと申せませう。これは目に見えるものではありません。

昭和天皇が御病臥遊ばされて以来、諸事は皇太子でいらした上皇陛下が滞ることなく御代行なさり、御執務も忽せにはなりませんでした。普段は意識はせずとも、国民は皇室があり、天皇がおはしますことに安定と安心を抱いてゐるのです。これが国民統合の所謂象徴といふ所以であり、心の拠り所であつてこれが長い歴史の上で培はれた我が国民の深層の心理であり、国体観であります。なほ先述の通り近代以降この絆は不思議なことにさらに強固なものとなつてゐると思はれます。

譲位への疑問

令和元年の夏に、初代の宮内庁長官を務めた田島氏が書きとめた、昭和天皇の語録が発表され、またも昭和天皇のお悩みを伺ひ知ることになりました。ここでも戦争の責任による「退位」についての思召しのことが書かれてありましたが、これは皇祖皇宗に対する責任の表明でもありました。結果的に御譲位なされなかつたことが、戦後の安定した時代へ繋がつたものと考へます。ただただ有難いことでありました。

先日これに関連して若い方から、「先生は天皇陛下（現上皇陛下）が御譲位の思召しを発表なさつた後も、それを不可とされてゐましたが、実際に御譲位が叶つてしまつた今、どのやうな感想をお持ちですか」との質問を受けました。あの思召しの報道を聞いて、私をはじめ保守の方がやはり譲位はできない、皇位は終身であると主張しました。頑迷な保守派だと強く批判されもしました。これは明治の『皇室典範』がそのやうに定めたものであり、それにはそれなりの考へがあつたと思ふからなのであります。「生前退位」やら「退位」といふ言葉が不謹慎ながら何も考へずに飛び交ふことに頗る違和感と不快感を抱きました。明治の皇室法は皇族の摂政を置くことでそれを切り抜ける、そのやうに定めたのです。皇位が不安定になる要素に譲位があり、二重権威を避けたのです。過去の歴史に譲位された上皇が複数おはしました時代もありましたが、近代以降は、かやうに心の拠り所であつた天皇が崩御され、新帝が御即位されても、国民の心理はなほ暫くは先帝にあつたのではないかとも思へます。それが今回は譲位であつてまだおいでになるのです。譲位の恒例化により複数の上皇がおはしました場合は、またさらに不安定な心理に陥るのではないかと憂慮してもをります。譲位を認めなかつたことは、上皇の御存在があつた過去の歴史を顧たことによる明治天皇の御裁可でありました。今回は特例法といふ措置とされましたが、これが恒例のこととなる可能性もあります。また、上皇が御存在することになりましたが、それに伴ふ上皇の大喪儀、陵墓の規定など、特例法は天皇の例にならふとしてゐますが、実際にどう扱ふのか不確定なことも多々残つてゐるのに、政府はまだそのことに手をつけてをりません。本来はこれも上皇が存在するとなつた時に関連して決めておかねばならないのですが、皇室問題はいつも正面から向き合ふことをせずに、先送りをして後手になつてゐます。上皇陛下は薄葬をお望みでありますが、個々の天皇（上皇）の御意思でその都度それが決まるのでは困ります。上皇であれ、一度皇位を践んだお方ですから、在位の天皇と同じ御扱ひにしない理はありません。

高齢化による譲位といふ問題は明治の皇室法の制定の折には考へられてはゐなかつたことでしたから、今回は上皇陛下のご希望が叶へられ、また円滑にことが進んだことは歓迎すべきことであつたのかもしれません。

法の整備といふ表面的なことも大切ですが、なほそのやうな国民の上皇陛下に寄せる心理に亘ることにも慎重な扱ひが求められませう。今回のみに限られる臨時の立法措置なのか、未来永劫に亘るものなのか、何れにせよ法整備には二年あまりの歳月がかかり、それを陛下にお待ちいただいたことは、畏れ多いことでした。今後は緊急の場合は摂政や、臨時代行が可能な方へ検討することがよからうかと存じます。

「承詔必謹」と言ひます。「詔を承つたら必ず謹め」と、十七条憲法にもある有名な言葉で、それは当然のことですが、なほ場合によつては再度お考へいただく、諫言の場もまた必要なのであります。さう考へると陛下のお近くに、様々のご相談を承り、適切な判断や考へを綜合して奏上できる機関がないといふ現状がいけないのであります。皇室会議も何か不安定な場でしかありませんし、政治的なことは別として陛下のお考へを承る場、会議の場などの、嘗てあつた枢密院のやうな機関の設置など、宮中に関する基本的なことがらを抜本的に改革しないと、今回のやうな特例法だけで切り抜けられないことも将来惹起する可能性もありますし、特例法の独り歩きのやうな危険性を考へるのです。

十連休

平成三十一年（令和元年）の新しい暦を手にして、四月三十日、五月一日の両日、また十月二十二日に「祝日」として赤く刷り込んであるのを見て、一つの時代の区切りに自分が存在してゐることを思ひ、感慨も無量でありました。ただ、「退位の日」といふ表記に頗る違和感を抱きました。神社界で使用されてゐる「神職手帳」（神社新報社刊）には、この日を「皇室典範特例法施行日」とあつて、なるほどこのやうな呼び方があることに気が付かされました。そして暦を見てゐて、以前はそれほど認識しなかつたのですが、新帝の践祚を四月ではなく、五月にしたことの理由が、政府がいふ政治日程との関係とは表向きのことであつて、ただ連休にするためであつたのかと思はれて愕然としました。十日に及ぶ連休となりますが、実際にそれまでもの休日が必要なのでありませうか。御譲位、践祚、改元といふ重儀も長期休暇の中に埋もれて、新時代の始まりを心から祝ふどころか、海外への旅行などと我関せずの国民も出てきます。長期の休みによる経済効果を期待してゐるやうでもありますが、本来これはいかがでありませう。

昭和天皇の大葬儀の一日を休日、また平成の御即位儀の一日を祝日にした時、日雇ひの労働者の賃金をどうするのだと騒いだ政党もありました。今回はその声が聞こえません。そして平成の御代の御在位十年、二十年の式典のあつた日が祝日となつたか否か、どのやうな声が聞こえたか思ひ出してみるとよいのです。様々な過去のことを思ふと、今回のあまりにも安易な十連休が情けなくなつてきます。日雇ひの方の雇用は十連休期間解消されるのでせうか、心配です。祝日とは本来連休などとは関係なく、そのゆかりのあつた日であります。それゆゑにその一日が輝き、思ひ出の深い日となるのです。どうも現在の我が国は経済効果のみが優先され、もつとも重要な精神面での感覚が麻痺してゐます。この御代替りに際してあらためて皇位の尊厳、皇室の伝統の重さを顧みて、またはこれを啓蒙してゆく必要があります。経済効果のみを優先してゐると何れ大きなしっぺ返しがくることになりませう。

「退位」「譲位」といふ語

平成三十年十二月に天皇陛下（現上皇陛下）には宝算八十五の天長の佳節をお迎へになりました。一般参賀の国民の波は例年以上に多く押し寄せ、またこれは三十一年の新年も同様であつて、出御の回数を思召しから繰り延べさせ給うた由であります。御譲位前に龍顔を拝したいとの思ひからか、十五万もの国民が参賀の列に加はつたのであります。

宝算八十五にわたらせ給うた御誕辰にあたり、新聞報道などに御発表になられた御感想を拝し、この三十年の皇室の歩みを深く顧みました。ただ私の驚きは陛下が御感想の中で「譲位」といふ語を二度お使ひになられておいでであつたことでした。皇后陛下が嘗て「生前退位」といふ語に心を痛められ、「譲位」といふ語をお使ひであることは承知してをりましたが、天皇陛下御自身から「譲位」といふ語をお使ひになられたのはこれがはじめてではないかと思はれます。

政府は殊さらに天皇の御発意が国政に関与してはならないとある憲法との兼ね合ひにより「退位」といふ語を用ゐ、「譲位」といふ語を用ゐない方針を崩さず、儀式も「退位の礼」な

ど と、その名称に拘りました。これは残念なことでありましたが、陛下御自身がこれは「退位」ではなく「譲位」であるとお示しになられたことは有難いことでありました。「譲位」には皇位を譲るといふ思ひが含まれ、この後も皇統連綿と続く思ひが含まれてゐますが、「退位」には皇位から降りていただく、降りさせるといつた悪意に近い冷たいものが感じられます。実際に歴史用語としての退位は皇位を降りていただいた淳仁天皇の一例にのみ使用の例があり、あとはみな譲位といふ表記になつてをります。心ある国民は「退位」ではなく「譲位」であることを充分承知するべきで、今後も「譲位」の語を使つていくべきでありませう。

「退位（譲位）の礼」の儀式において陛下が東宮殿下に「譲位」する旨の勅語を宣ふのか、それとも「退位」と仰せられるのか、私の関心はそこにありましたが、この御感想を拝し、一つの安堵を感じました。歴史に「禅譲」といふ語が見えますが、その語の示す通り皇位は皇統に属する皇儲に譲るものであり、それに比して「退位」といふ語には皇位を奪ふ放伐の思想が見え隠れして実に浅ましい限りの語彙であります。陛下は御感想の中で「憲法の下で——譲位の日を」、と仰せになつてをります。もはや政治家が懸念する陛下の御譲位の意思の発露が憲法に抵触するなどとの次元をはるかに超えたところに、大御心はあるのです。我々はこの大御心を体し胸を張ってこの日を「譲位の日」と申し上げなくてはなりません。

譲位の御儀と宮中祭祀

政府は「退位（譲位）の礼」の内容を、名称からして国政に天皇が関与しないとの憲法に抵触しないやうに配慮したやうですが、その儀式の内容たるや主体は政府であつて天皇・皇室側ではない印象を持たせる仕組みが感じられます。本来は譲位の由を宣明なされることが中心であり、国民側がそれを拝承し、次いで剣璽の渡御があり、新帝の践祚と御在位中の御治績にちなむ諡号を奉つてきたのです。今回の儀式では先に総理大臣が感謝の辞を述べ、次に天皇陛下が譲位のお言葉をのたまふといつた次第となつてゐます。本末の転倒甚だしく、ここまで憲法との関係を考へるのかと思へてきます。

また「退位（譲位）の礼」に関連して御譲位に伴なふ宮中祭祀がどのやうに行はれるのかが、私の最大限の関心事でもありました。政府が宮中祭祀に重きを置かない現状があることを鑑みると、これも御高齢による簡略化があつたりするのではないかと懸念してをりました。申すまでもなく御譲位は明治以降初めてのことであり、旧の『皇室典範』にも記載のないことであつて、もちろん「皇室祭祀令」にもありません。よつて御譲位に伴なふ宮中祭祀を新たに考へねばなりません。御即位に関しては、まづ最初にその期日を宮中三殿、神宮、神武天皇陵、先帝四代の山陵に奉告される祭儀が決められてをりますが、御譲位の場合もこれに準じてなされるのかが気になつてをりましたが、平成三十年十一月二十日の政府の大礼委員会の発表を聞いて安堵いたしました。陛下の思召しによるのでせうか、やはり宮中には「先づ神事」といつた祭祀へのお考へがあることを承知しました。この聖なる営みは誰も容喙できないものであることを明らかにできました。

　これによると今上陛下が御譲位の日を宮中三殿にお告げになる告期の儀が、平成三十一年三月十三日に行はれます。この日には神宮、神武天皇陵、先帝四代の山陵への勅使御発遣の儀が行はれます。神宮はじめ各山陵では十五日に奉幣の儀があつて、この時を以て正式に御譲位の由を告げられるのです。全国の神社においてもこの頃にこの由が告げられることになります。この日を以て天地神祇は御譲位の由を聞こし召されます。また三月二十六日には神武天皇陵、四月十八日には神宮に親謁の儀があり、四月下旬には昭和天皇陵へ同様に親謁におなりになります。さらに四月三十日の午前には賢所大前の儀があり、続いて皇霊殿、神殿への奉告の儀がなされます。これは皇室または国家の大事には同様の儀を行ふとの明治のお定めによつて考案された新儀でありますが、これ以外のものは発表がありませんでした。その祭儀の威儀物などの詳細が公表されてをりませんのでまだ懸念の材料がありましたが、当然のことながら神宮、山陵への親謁には剣璽を伴なはれました。剣璽の動座がなければ一番大切なことを欠くことになるところでした。神宮での御装束は即位の折は束帯でありましたが、譲位の折はモーニングでした。

　また、告期の儀が三月十三日といふのも日程としては妥当な時期とは申せ、この日に御譲位をお告げになられる以上、この後に「元号」の話題も出てくる時期となると思はれますが、政府は合はせて「新元号の発表は四月一日である」と、前倒しの公表をしました。このことについては洵に遺憾であり、ついで元号法の欠陥が明らかになりました。ひと月前の、公表以前に、週刊誌ネタになるやうな元号に関する不確実な報道などの漏洩や混乱がないやうに強く願ひました。告期の儀以前などに漏洩などがあつた場合はそれが皇位の尊厳を傷つけることになると考へたからです。

譲位と践祚との関係

本来、譲位と践祚（皇位の継承）とは一体のものであり、日をまたいで区別すべきものではないのです。陛下は四月三十日に宮中三殿に御譲位の由を奉告され、ついで午後に国民にもそのことを宣せられました。本来はこの時を以て神器の渡御、新帝の践祚、同時刻に賢所にて御祭典の齋行、すぐさま新帝の御親拝があつて践祚の由を御奉告あり、ついでこの日より即日改元となるべきものであります。皇位は一日も空しくするなかれ、との明治のお定めに忠実でなければなりません。そして五月一日を新帝の践祚その日とするのであれば、今書いた全ての行事をこの日にすべきでありました。これらのもの全てが両日に分けられない一体のものであり、ここに皇位といふものの尊厳が貫かれてゐなければならないのです。

御譲位と践祚とが別日であることは徳川時代以前の歴史を見れば幾らでもあるではないかといふ方もゐるでせうが、前近代の例は今は暫く置きます。往時は御代替はりによる、天皇の内侍所（賢所）御親拝もない時代でした。ただ、徳川時代までの公家社会における天皇の位置と、明治以降の近代国家の中における天皇の位置とでは大きな隔たりがあることを認識しなければこの問題は解けません。明治の賢臣が譲位といふ制度を認めなかつたのも、歴史を顧ての深い憂慮によるものでした。この皇位の尊厳をよくよく考へたから彼らは譲位を認めず、天皇の終身在位を制度化したのです。もし仮に彼らが御譲位を認めた場合、その儀式をどのやうに考案したでせうか。これもやはり私が述べたのと同様に、崩御当日と同じく、一日の間で全てを収めるやうな儀式を定めたと思ひます。それは改元といふ大きな問題と関係してくるからであります。

「践祚」の語の復活を

拙稿では新帝に神器がお渡りになつて皇位におつきになることを「践祚」と称し、即位の礼に御臨みになられることを「即位」と称して区別してゐます。古く「践祚」は崩御を受けてのことを言ひ、皇位を践まれる、皇統を嗣がれる意味があります。これに対し譲位の場合は「受禅」と言ひました。「禅」は「譲」と同じ意味で「ゆづる」ことです。また「践祚」「即位」

の用語は古代には厳密な区別はなく、ともに「アマツヒツギシロシメス」と読んでをり、皇位につくことを意味しました。文武天皇の折に初めてこの区別があり、ついで桓武天皇以来は常のこととなりました。明治以降は『皇室典範』にこの二つの語が明記されましたが、なぜか戦後の『皇室典範』には「即位」のみとなり、現行の皇室用語にはこの「践祚」といふ語がありません。とはいへ、これは正しくは「践祚」と申し上げるべきであります。

では践祚と即位は違ふのかといへばまたさうでもありません。践祚＝即位でもあります。ただ「即位」はあくまでも大嘗祭をも含めた一連の諸儀をいふのであつて、唐風の即位宣明の儀式と、神代の風儀によつて皇祖神に即位の由を告げたまひ御神威をいただく大嘗祭とは一つのものであつたのです。明治以降はこれを御大典と総称してをります。下世話にわかりやすく申し上げるなら「践祚」は結婚の入籍、「即位」の礼はその披露宴と例へられませう。入籍といふ事実のみをして、披露宴などされない方もゐますが、それでもお二人は結婚してゐます。「践祚」は皇位継承の事実であり、世の不安定の折には即位の御儀式が遅れたり、おできになれなかつた天皇もおいでになります。大嘗祭についても、戦国乱世以降、徳川中期までの中絶がありました。それでも「践祚」は皇位継承の事実であつたのです。このことは『帝室制度史』を見れば詳細に書かれてをります。

「剣璽承継」といふ語句

平成の折もさうでありましたが剣璽の問題も神話と関連する宗教性によつてそれを無視して、ただ「皇室経済法」に依拠する、皇室に伝はる財産の受領とのみ位置付けてゐます。剣璽についての詳細は拙著『宮中祭祀』（展転社）に述べましたので、そちらをご参照いただき、簡単に言へば、皇位のみしるしとしての剣（草薙剣＝本体は熱田神宮）と、璽（八坂瓊勾玉）です。これを新帝として受け継ぐ儀式を「剣璽等承継の儀」と申しましたが、この「承継」といふ語句についても不満があります。これについては平成の時以来、何度も申し上げてきましたが、従来は「剣璽渡御」と申し上げてきました。あくまでも主体は神話に由来する剣璽にあつたのです。要するに単なるモノではなく、尊貴ないはば神霊宿る神器ですから、剣璽が主体で、それが新帝に渡御されるのであり、平成の先例や今回のやうに剣璽を受け、承継するこちら側（天皇）が主体ではないのです。剣璽を主体と考へれば一連の儀式は剣璽の動き、天皇から新帝への渡御が中心の儀式になるのです。今回の儀式は剣璽を伴はれて松の間に出御され、不遜にも総理が天皇陛下の労を労ひ、陛下が御譲位の由を宣明をされたあと剣璽とともに入御、翌日に新帝が践祚され剣璽等を承継されることを中心としてゐて、譲位の宣明と践祚までのその間剣璽の所在はどこにあるのか明確ではない時間が生じるのです。剣璽を中心に全てを考へねばならないのに、憲法下においては神話に由来する宗教的な遺物として厄介な存在とされてゐるやうで、この考へを改めなくてはなりません。

繰り返しになりますが、天皇陛下（現上皇陛下）は四月三十日の夕方、剣璽とともに正殿松の間の式場におでましになられ、先述した儀礼の後に剣璽とともにお入りになりました。初めの案ではこの時剣璽を式場の松の間に安置されたままの入御とのことでしたが、それはあり得ないことだとの批判を受けてこのやうに改まりました。そして翌一日、剣璽が新帝のもとに渡御になり、新帝はそれをお受けになりました。この儀は古来一言も発することのない無音のものと言はれてゐます。何にせよ譲位（退位）の式ではその宣明に重きが置かれ、剣璽のことが二の次になつた印象を受けます。古来践祚はこの剣璽の渡御を以て自明であり、儀式ではなく「事実」そのものとされてゐます。『帝室制度史』を見ても皇位継承は事実であると書いてあります。

また、新帝の践祚に伴ふ賢所の御祭儀は古来三日間毎朝続けて行はれることが慣例であります。これは源平の争乱後に壇ノ浦に漂うてゐた神器が京都に還御された折に三日間行つた古例があり、爾来国家の大事には賢所において三日間の毎朝、祭儀がなされてきました。近代においてもこの御風儀は守られ、新帝の践祚には必ず毎朝三日斎行されてきました。そして国民に勅語を賜ふ「朝見の儀」はこの三日の祭儀の後になされてゐました。神事を優先されての思召しでありませう。平成の折には「朝見の儀」は一月九日でした。これも践祚の七日から三日目で、朝の祭儀後のことでありました。ところが、今回の「朝見の儀」は践祚の翌日となつてゐます。今回は崩御を受けての践祚ではなく、新儀であるとしても、ここにも宮中祭祀と国家の儀礼との無関連さが見え隠れするのです。

新帝践祚の祭儀

新帝の践祚に伴ふ祭儀も前例に従つて行はれました。従来は新帝の践祚はその前提に崩御があり、その場合は諒闇となりますので、天皇は宮中三殿の祭儀には臨めず践祚の由を自らは奉告されずに、掌典長をして奉告させ給うたのでありますが、今回は諒闇ではないのでどうなさるのかと懸念してをりました。賢所の儀が五月一日から三日まで、また一日には賢所に続いて皇霊殿、神殿への御奉告の御代拝がなされるなど、平成の即位儀礼を踏襲された形となりました。また大嘗祭の斎田点定の儀が五月十三日に行はれました。践祚が五月にずれ込むとこのやうに大嘗祭の斎田との関係も問題となつて表れてきます。近代以降では大正天皇の即位の折の（昭憲皇太后の）諒闇明けが四月であつた例がありますが、五月ははじめてのことになります。斎田の田植ゑのことよりも、十連休を優先して践祚の日を決めたからこのやうなことになつたのです。それゆゑに丁度田植ゑの盛りの頃で、既に田植ゑの終了した田をそののちに指定することも懸念されました。これは近代の例の中では異例となります。儀式書を見れば八月践祚まではその年の稲を用ゐると定めてありますから、古くは問題もなく、実りはじめた田を指定したこともあつたのでせうが、その古例とはまた違ふ気も致します。今後、譲位の折には践祚の日を大嘗祭の斎田との関係を優先して決める必要があります。また、平成度は過激派の攻撃を避けるため、斎田の発表は抜穂祭の直前でありました。今回もそれに倣ひ、斎田や太田主の公表は抜穂祭の直前までありませんでした。

譲位の儀と祭儀の問題点

天皇陛下の譲位の儀と新帝の践祚の一連の御儀を拝し、皇位といふものを考へた時に、譲位の儀は新儀とは申せ、この二つは同じ重さのものであるとあらためて実感しました。四月三十日午前に天皇陛下（現上皇陛下）は予てからの思召しのままに御譲位の由を宮中三殿に御奉告遊ばされ、夕刻には正殿に剣璽とともに出御、その旨を国民に宣らせ給ひました。勅語の結びに「我が国と世界の人々の安寧と幸せを祈ります」と仰せられたことは、皇室の一貫された祈りの伝統をまたあらためてお示しになられたものと拝しました。

この御譲位の儀は現行憲法に天皇は国政に関与しないとの規定と、所謂宗教色を持つ剣璽とをどう扱ふかが難しい論点となり、総理の謝辞に陛下がお答へになるといふ、ものの理の秩序、順逆が失はれた次第になつたこと、剣璽を皇室に伝はる由緒ある物品と解釈したことなどの課題を残しました。初めの案では剣璽をそのまま据ゑ置かれて御退出なさると聞いてゐましたが、それはをかしいとの反対意見があつて、この形に落ち着きました。当然のことであります。ともかく光格天皇の文化の御譲位以来二百二年、近代の憲政史上初めての御譲位が大御心を拝して、改元を伴ひ曲がりなりにも実現した事実、細かな点では瑕疵や課題を残したものもありますが、まづはこのことを感謝とともに厳粛に受け止めたく思ひます。

譲位の儀は新たな儀礼として宮中祭祀との関連を斟酌して定められました。その過程がどうであつたかは存じませんが、もし明治の御代に天皇の譲位を認めてゐた場合、当時の廷臣たちはどのやうな譲位儀礼を考へたであらうか、これが私の頭を去来した思ひでありました。践祚即位と譲位とが対のものと考へれば、即位礼とは規模は違ひますが、譲位礼も同様の重儀であることは論を俟ちません。それゆゑこの御儀が「登極令」の即位の規定に準じて大方が決められたのは有難いことでありましたが、細かな点においては疑問に残ることもありました。

宮中では譲位の当日に「退位礼当日賢所大前儀」の他、皇霊殿神殿にて祭儀が営まれたことは当然のことでありましたが、ただ祭儀の折の陛下の御装束を、即位礼当日の同様の祭儀のものと比べた時、そこになぜか大きな差がありました。「登極令」によれば即位礼当日の祭儀には陛下は最も純白である帛御袍を召され、侍従また掌典は束帯（位袍纔着）を着ることが定められてあり、平成の折もこれに従つた装束でした。譲位を即位と同じに扱ふならその儀礼の規模は違ふものの、この日の装束もこれに準ずるべきでありますが、この日は陛下は通常の黄櫨染御袍で出御、また侍従は白の斎服でありました。私はこれに違和感を覚えたのです。確かに譲位の儀の祭儀は近代における新儀であり、それゆゑに様々な検討がされたのでありませう。そして祭儀は行はれるもののそれは即位礼当日祭とは対にならない別個のものとされたのであります。それが御装束としてこの形で表れましたし、天皇陛下にとつて最後の重儀であるもののやや簡略化された感が残りました。残念ながらこの日の天候が雨模様であつたことは、譲位といふ重要な事実でありながら天神地祇の思召しがまたいかにあつたかを拝し、粛然としたのであります。

御譲位御奉告の行幸啓

また御譲位御奉告のために、神武天皇山陵、神宮、武蔵野御陵へ行幸啓の上、御親謁遊ばされ、殊に神宮へは剣璽御動座にておでましになられたことは当然なこととは言へ、その映像を拝して感無量の思ひが致したのであります。あまり報道はされませんでしたが、この御親謁には殊に剣璽を御垣内まで御参入なさいました。これは御即位の後に御親謁遊ばされる時と同じ祭式次第であり、国史上初めての御譲位奉告の御親謁を遊ばされるにあたり、「登極令」の即位御親謁の規定を準用されたことが明らかであります。この御動座の実現こそ国体の顕現であり、悠久の歴史の現れであるのです。戦後の剣璽御動座復活のための先人の尽力の歴史と論争とを思ふにつけ、皇室の大儀や神宮の重儀に際しての神宮への御親謁に当つては、この平成の御代において剣璽の御動座が確実に定着した事実として確認しておきたいものであります。

ただし、ここにも陥穽がありました。神宮への御即位御奉告の御親謁の御召物が束帯であることに反し、洋装（モーニング）であつたことは遺憾でありました。ついでに申し上げるなら、三月十二日の神宮、山陵への御譲位期日奉告の勅使発遣の儀にもモーニングでおでましになりました。御即位の期日奉告の勅使発遣の儀（令和元年五月八日）は前例に倣ひ天皇陛下は御引直衣、勅使は衣冠単に帯剣といふ古儀のままの装束であり、御譲位においてもこれに準ぜられるべきでありました。かやうに少しでも隙があれば形を変へてしまふ流れの中で剣璽の御動座が公然となされたことは深く記憶に留めておく必要があります。

ここで「親謁」と申しましたが、殊に御即位後の神宮や山陵への御参拝をこのやうに申してをります。これは元来支那の用語で『旧唐書』の開元六年に玄宗皇帝が太廟に親謁したとあります。我が国では宝亀九年十月に山部親王（後の桓武天皇）が神宮に「親拝」した記事があり、専ら「親拝」の語を使つてきましたが、明治天皇が天皇として初めて伊勢の神宮にお参りなさる時に、支那の例に倣ひ、皇祖に謁することから「親謁」の語を用ゐることにしました。ここには明らかに皇位継承者としての繋がりが意識され、天皇としての御装束を召して、神器を奉じての御参拝でありました。

令和元年五月一日

明けて五月一日、みなさんはこの日をどのやうに迎へましたか。新帝に剣璽渡御となり、百二十六代の皇位を御践み遊ばされ、同時に宮中三殿に掌典長をして御代拝を奉仕せしめ、践祚改元の由を御奉告なさいました。この御祭儀は旧儀に則り三日間行はれました。剣璽が渡御されたその後、新帝は朝見の儀に臨まれ、勅語を賜はりました。旧儀に従へば践祚後の朝見の儀は宮中三殿での三日に及ぶ祭儀終了後に行はれる慣はしでありましたが、今回は皇室行事の神事と国の行事である朝見の儀は別物仕立てであるとの考へを表に出した感がいたします。当然のことながら宮中にはそのやうな旧儀の詳細を心得てゐる方がおいででせうが、その意見が通らなかつたのでありませうか。儀式として剣璽が渡御されたのは十時半でありましたが、この日の午前零時に剣璽のみではなく、賢所、また神宮と熱田神宮とに奉斎するそれぞれの神御の物実が新帝に引き継がれたのであります。また朝見の儀の御退出に際しては剣璽と御璽国璽を峻別なさいましたことは有難いことでありました。無事に御儀が行はれ、取敢へず安堵致しました。

ただ、新聞の報道では剣璽の剣を「複製品」「模刻品」などと説明してをりましたが、何の複製なのかがこれではわかりませんし、熱田大神の神霊のましますす剣であつて複製品で済ませられるものでもないのです。まして本来の宝剣は平家と共に壇の浦に沈んだあと、昼御(ひのお)

坐（まし）の太刀を代用しましたが、神宮から献ぜられた太刀であるとも、また後醍醐天皇の仰せにより出雲大社にあつた宝剣を代用したとも申しますので、これは複製品とは申しあげられません。逆に璽に至つては神代の、それこそ高天原の時からあつたもので、天孫降臨の時にも璽が優先され、『古語拾遺』には「璽、自から従」つて来たと書かれてゐます。さういふ説明こそが国民に向けて必要なのです。皇室のことを語れば必ず神代の神話に行き着くのであつて、そこを避けることはできないのです。

何にせよ平成二十八年八月の仰せ出でから二年余、私共は様々のことを考へさせられました。そしてその都度平成度の前例と解釈、現行の皇室法の不備や欠陥が浮き上がり、皇室の長い伝統と現憲法との非整合性など不均衡な事実を突きつけられ、あらためて深遠且つ悠久の歴史を顧みたのでありました。私は、二度の新帝の践祚、改元を経験し、様々なことを考へさせられ、多くのことを学びました。

百二十六代

この践祚に際し不思議なことは大方の新聞が新帝を百二十六代と称してゐたことです。朝日新聞も「ただし神話を含む」と注記があつたものの百二十六代と明記してありました。あれほど歴史学の上では上古の天皇の御存在について問題があるとして、それをも認めず、様々な議論がある一方で、このやうな場合はこれを事実として報道するしかないのであります。却つて神話時代を含むといふ表現が皮肉にも古い皇統である事実を示すことになりました。神武天皇陵への御奉告を、ここが真の陵墓か否かは歴史学の問題であつて、事実は如何様にも知れがたいものである以上、これを事実として受け入れる実態があつて、そこが祭祀の場であること、この矛盾が近代の悩みであり、またこの柔軟性がわが国民性でもあるのです。

　さらに不思議なことに、俗に言ふ知識人の方々があれほど元号よりも西暦一本化であると云々してゐたにも関はらず、大方の国民は「令和」の元号を歓迎しました。そして天皇といふ一個人が時代の区分を支配するなどありえないことだと気勢を挙げてゐた方々をよそに、国民誰もが平成の御代の締め括りを身を以て感じ、平成といふ元号に象徴される様々な過去を思ひ浮かべ、来る「令和」に何かしらの思ひを抱いたのでありました。急におとなふ崩御とは違ひ、予め決められてゐた期日と、崩御諒闇といふ悲しみを伴はない践祚、改元によつて日本といふ天皇を戴く国柄を国民誰もが身を以て感じたこととなりました。この両日の日付が書かれた御朱印を受ける人の列は、折しもの流行と重なつて長く続き、一時間を待つことすら厭はない心意はやはり元号にありました。夜中に改元へカウントダウンした人もゐましたし、その他記念の行事に参加した人など、その迎へ方は様々であつても、平成の諒闇の自粛した悲しみの中とは違つた新しい御代の迎へ方ができました。平成の御代の長久を祈りながらも、この三十年といふ歳月はある意味で時代を捉へる一区切りに相応しい年数なのかもしれません。昭和はこの倍でありましたし、大正は逆にこの半分でありました。そして平成の御代は「おことば」にもあつたやうに、戦禍がなかつたものの、数多くの自然災害が相次ぐ一方で、様々の変革、社会の変容が矢継ぎ早になされた時代でもありました。この三十年を教職にあつて、時代に追ひつくことができずに翻弄されてゐる自分がゐるのも事実であります。

第三章　改元と元号問題

改元の問題――元号とはどのやうなものなのか

譲位、践祚を受けて元号が改まる改元が、今回は大きな問題でありました。現行の元号の依拠する法律である「元号法」は皇位の継承があつた場合に改元するとのみ規定してあり、それはいつ、誰が裁可（聴許）するものかの基本的なことに言及してをりません。当然のことながら、新帝の元号は新帝が裁可（聴許）するべきものであり、そのためその発表は践祚当日であるのです。崩御は突然でありますから、時間的余裕もなく当然そのやうになりますが、このやうな譲位の場合には予め時間的な余裕がありますから、国民の生活を考へて前倒しに発表することが考へられました。所謂電子機器の調整に間に合はないといふのです。

さうなるとその裁可（聴許）は、その在位中の天皇陛下がなさることになります。さてそれでいいのか、それが大きな問題で懸念でありました。そして平成三十一年一月四日に安倍総理は新元号の発表を改元のひと月前の四月一日にすると発表しました。この動きは案じられた通りであり、このことで明らかに「元号法」の欠陥が浮き彫りにされました。元号は「天皇の定める元号」ではなく、「内閣の元号」であつたことがわかりました。

そもそも元号は古代支那において、天子は国土人民の他に時空をも支配するとの考へのもとに、佳字を用ゐて定められたものであり、元来は天子の元号に他なりませんでした。支那文化の影響により漢字文化圏の地域にこの考へが浸透し、我が国でも孝徳天皇の時に「大化」

と建元したのを嚆矢として、「大宝」以来この方、平成の今日までに二百三十一の数（南朝を採る）に及んでをります。元号を建てることは独立国であることを示し、朝貢関係にある支配下の国はその宗主国の元号（正朔）を奉じたのです。天子の元号であるゆゑそれは当然のことでありました。我が国でも天皇の元号であつたことは南北御騒乱の折にも、吉野・京都方でそれぞれが元号を建て、吉野方、京方の何れかに与するかによつて、各々がその元号を奉じたのであります。元号には新時代への希望を表す文字が選ばれてきました。

また、元号は天皇の御裁可のもと世に公布された歴史があります。この天皇の建元権については「禁中並公家諸法度」を定め、朝廷に圧力を掛けた徳川幕府ですら犯すことのできないもので、改元について朝廷から事前の御沙汰を受けて幕府の意向を示したとしても、その手続きは朝廷がするものであり、天下の公布もまた朝廷がしました。そして支那では明の時代に一世一元の元号制度となり、明らかに天子一代を示すものとなつたのです。我が国も明治改元にあたり、この一世一元の制を用ゐ、天皇の元号であることを明らかにし、加へて皇室典範はその改元を皇位継承があつた場合に直ちに行ふと明記したのであります。これにより大正、昭和の改元はなされたのであります。そしてまた元号を以て天皇の御追号とすることが慣例になりました。

今日、この元号を建ててゐた近隣諸国は、この制を止めてしまひましたが、それは連綿と続く王室が途絶えたことにもよるのでありませう。辛亥革命によつて廃された清朝の「宣統」

の元号は残置された紫禁城内では用ゐられてゐました。我が国は皇室が厳として存在し、天皇ましますがゆゑにこの元号は絶えることがないのであります。元号は天皇の定めるものであり、その御代に御在位なさる天皇が御裁可されるべきものなのであります。

元号法の制定まで

戦後の占領軍の圧力による旧の『皇室典範』の廃止により元号が依拠する法令を欠くこととなり、昭和の元号は慣例としてその後も使用してゐることになりました。当時は天皇陛下（昭和天皇）の崩御に関連する改元の話題などは不謹慎のことであると、なかなか議論は進まない状況でありましたが、先帝が七十歳を越えさせ給うた頃から真剣に議論が交はされるやうになり、「元号法」が昭和五十四年に制定、元号が法制化されました。昭和天皇の御長寿が幸ひした一つの出来事であります。ただそれまでにはこの制定にむけて多くの人の悲願が籠められたことも忘れてはなりませんが、完全ではないにしても一つの金字塔ではありました。

「元号法」は簡潔な表記で、元号は皇位継承があつた場合に定める。元号は政令による。とのみあるもので、当時は崩御を受けての改元が当然のことでありますから、譲位の場合など発想すらなく想定してをりません。また今日のやうに電子機器の発達など誰もが予想だにできない時代の制定でした。ここで従前、「登極令」にあつた「直ニ」の語が抜けたことも将来に禍根を残しました。それでも崩御を経ての改元ですから、元号は当然新帝が御裁可されるとの健全な発想のもとにありました。平成の改元はこれによりなされ、新帝が御裁可になり公布されたのでした。併しながらその施行は新帝に神器が渡御された一月七日からではなく、翌八日からとなりました。従前の大正も昭和も崩御に伴ひ神器の渡御があつた日に遡つて改元となつてゐたのです。「直ニ」とあるのがそのことを意味してゐました。これが曖昧になつてわからなくなつてしまつたのです。

大正天皇は大正十五年十二月二十五日に崩御され、神器の渡御があり、改元はその時に遡りますから、昭和天皇は昭和元年十二月二十五日に践祚されたのであります。一世一元とはこのことを意味し、そこに重複はあつても空位は存在しないのです。天皇の在位はその元号の中に収まるものなのです。ところが現上皇陛下には昭和六十四年一月七日に践祚されたのであつて、それは平成元年ではないのです。元号法に依拠すれば遡る改元などあり得ず、当然このやうになつてしまふのです。この神器の渡御に遡及する考へ方は皇位といふものの尊厳を思へば実は重要な視点であつたのです。私はこの時元号法の欠陥を見出し、元号法が天皇とはまた別のものにあるといふことを書いたことがありました。

改元とその日

今少し詳しく改元とその日について述べてみませう。明治元年に天皇の在位の一代の間に改元をしない「一世一元」の制を採用し、『皇室典範』では第十二条で元号は践祚ののちに建て、改元は「明治元年ノ定制ニ従フ」と一世一元の再確認を明記しました。明治四十二年に制定された、即位関係の法令である「登極令」には、天皇践祚の後に「直ニ元号ヲ改ム」とし、元号は「勅諚」のものであり、「詔書ヲ以テ公布」するとされたのです。明治維新以来、我が国の根幹になる法の整備は簡単にできるものではなかつたと見え、『大日本国憲法』や『皇室典範』の制定に二十年余、その後「登極令」や各種の皇室法の整備法制化まで、また二十年余を要しました。それほど時間をかけて慎重に検討されたものでありました。それは皇位の尊厳を重視し、少しの疑義をも生じさせないためのことであつたのです。このことに関しては、明治神宮刊の『大日本帝国憲法制定史』に詳しく書いてありますので、そちらをお読みください。この本は葦津珍彦先生が書かれたものと言ひます。

大正天皇以降はこの定めに遵つて改元がなされました。昭和改元を例にしますと、大正天皇は大正十五年十二月二十五日午前一時三十三分、葉山御用邸で崩御になりました。これが正式な記録です。直ちに皇太子裕仁親王（昭和天皇）が践祚され、葉山御用邸にて神器渡御の儀があり、それと同時刻に宮中三殿において践祚御奉告の祭儀を斎行されました。ついですぐさま改元の詔書が発せられ、「大正十五年十二月二十五日ヲ以テ昭和元年トナス」とされたのです。大正天皇は大正十五年の十二月二十五日に崩御となり、昭和天皇は同じく昭和元年の十二月二十五日に践祚されたのです。同じ日でありながら一世一元とはかやうなことを申します。厳密にはなかなか難しい感覚で、昭和の始まりは二十五日の午前零時に遡ります。大正と昭和とが一時間三十三分重なるのですが、これは致し方ないことで、実はこれが「皇位ハ一日モ曠シクスベカラズ」といふことなのです。これは大正改元の時も同じでありました。明治天皇は明治四十五年七月三十日に崩御されますが、この日は大正元年とされます。天皇の践祚の主体は神器にあり、その渡御が皇位の継承の「事実」であり、その時刻に祭儀が営まれるのです。神器渡御と祭儀、そして改元が一体なのであり、皇位継承の事実と時空、これも一つなのであります。

改元と御聴許

しかるに平成の御代替りは昭和六十四年の一月七日に神器渡御があり、新帝（現上皇陛下）が践祚され、宮中三殿において践祚御奉告の祭儀がなされました。その後改元の新帝への御聴許、発表がありました。ここまではよいのですが、改元の施行が翌八日からになりました。これが「元号法」による改元の限界であること、前に述べた通りであります。この時、既に天皇と元号の関係はなくなつてゐたことになります。天皇の践祚と改元＝元号は別のものであつたのです。元号はあくまでも「元号法」の定めによるものであり、皇位継承によつて改元はするものの、その手続きや日付はまた別のものであつたのです。嘗て葦津珍彦先生が「新帝の御聴許がない元号など何の意味もない」と憂慮されてゐましたが、それでも新元号の閣議決定前に新帝への御聴許がなされ、この事態は回避できました。本来、元号は「勅諚」のものであり、「詔書ヲ以テ公布」するものであるとの、従来のやり方とは、大きく形は違つたものの、その精神は何とか護られたのであります。実はこのことが大事であり、「元号法」に明記はされてゐませんが、これを今後も護る必要があつたのです。葦津先生の憂憤である、「元号法」による改元の手続きの限界を超えたところにある精神を護ることが重要なのです。この平成の改元の時の新帝への元号御聴許を戴く動きは、当然なこととしてなされたものではなく、そのやうにせねば本義が失はれることを憂へた国民有志の活動によつて齎された成果であつたのです。この点を是非抑へておく必要があるのです。

平成改元の折の新帝への御聴許が発表以前に済んだことは幸ひでしたが、次に日付の問題が生じました。残念ながらここには明らかに「元号法」の限界があつたのです。昭和天皇の崩御が朝の六時三十三分でありますから、その後も「昭和」の時代が十七時間余も続いたのであります。新帝陛下（現上皇陛下）の践祚、神器渡御は昭和六十四年一月七日となつてゐます。今回の御譲位ではこの点の日付に関する元号の心配はなく、天皇陛下（現上皇陛下）は平成三十一年四月三十日に御譲位、東宮殿下には翌令和元年五月一日に践祚となりました。ただその間に時間的な空隙があることと、そのためにひと月前に次の元号を発表するといふのは本末の転倒でありますし、また夕刻五時に御譲位の宣明の式があつたものの、その翌日の十時半まで神器渡御がなされないのは、「直ニ」といふ明治のお定めに反することになります。どちらもうまくいきません。

元号の前倒し発表

東宮殿下（今上陛下）が践祚される、五月からの元号が「令和」と定められ、ひと月前の四月一日に発表されました。私はこの日、新しい職場に異動して、事務の引継ぎなどに忙殺され、会議に出てをりましたので、改元の情報を知つたのは昼過ぎでありました。これは予てから報道されてゐた通りのことでありますが、新帝の践祚を受けて行はれるべき改元がこのやうに様々な要因があるとのことで、ひと月前に公表されることに何か不思議な感覚を覚えました。このため今回は新帝の元号を今上陛下（現上皇陛下）が御裁可されるといふ、大変変則的なことになりました。新聞報道によればこのことは安倍総理にとつて「苦渋の選択」であつたと書いてをります。苦渋の選択をしたのは本人自身であります。そして苦渋の選択以外のやり方がなかつたのではありません。今回のことは少し整理しておく必要があります。

そしてこのことをきちんと報道したマスコミはあまりありませんでした。マスコミも世の中も「令和」の話題で持ちきりでした。

元号といふものの意味を考へた時の国民の共通の意識、認識がないままに、政府はなし崩し的にわからぬやうに、ただ改元といふ目に見えることだけに走りました。重大な欠陥を一つの御祭り騒ぎの蔭に隠したのです。再度言ひますが、ここに「元号法」の限界があり、皇位の継承があつた場合に改めると謳ひながらも、元号は天皇と関係のないもの、それとこれとは別のものといふことが、明らかになりました。今後も譲位があつた場合は、これを前例とすることになります。あらためて浮き彫りになつた「元号法」の欠陥、不備を正し、または細則といふやうなものを定めておく必要があります。また元号が皇位と一体のものであるといふことを広く国民に呼び掛けて行く必要を痛烈に感じました。

五月の改元を巡つて、「令和」と定められたものの、まだ西暦統一化の動きはあとを絶ちません。その一方で「令和」を歓迎したり、これに便乗する商法もあつてなんともいへぬ不思議な感覚がありました。やはり国民性として時代の把握には元号が馴染んでをります。西暦一本の表記であつた今年のカレンダー用に、「令和元年」と書かれた貼付のシールも売り出されてゐました。

譲位改元の問題点

譲位による改元には以上のやうな問題点が生じました。光格天皇の御譲位以来二百二年とのことでありますが、この「元号法」が譲位を想定してゐない以上、元号が全く天皇とは無関係のものとなし得るのです。またそれゆゑ政府は天皇の崩御後に御追号として元号を諡とする慣例があるにも関らず、「天皇の元号」でないことを明らかにしたのであります。

新元号の公布を践祚のひと月前とし、その新元号の御裁可（聴許）を在位中の天皇がなさるといふ異例をなんとも感じなかつたやうです。この「ひと月前」の発表といふのも総理の一存であり、いつでも決められるやうで、ここに天皇陛下や皇太子殿下の御内意を伺つた形跡は聞こえてきません。また時間的に譲位と践祚の日を別にしたなど、空位が存するかのやうな誤解を受けるやうな日程を編んでしまつたのです。新聞報道によれば、新元号を発表する直前に次の天皇に践祚される皇太子殿下にもお伝へした由でありますが、それは当然のことながら、政府もこのやうな手段に出ざるを得ない矛盾にやつと気がついたやうであります。「元号法」の限界はここにありました。私は平成の改元時にこのことに気づき、早くから不審を抱いてゐましたが、後手に廻りました。元号法がかうである以上、厳密な一世一元の制は期待できません。これを天皇、または皇位と少なからず結びつけ、新帝に御裁可いただくためには、神器渡御の日に遡及するか、さもなくば「改元は新帝の即位の礼当日とする」などといつた、践祚以降の改元日を「元号法」に明記するしかないやうです。所謂電子機器の調整に時間的な調整が間に合はないためにひと月前倒しの発表をしたといふなら、崩御改元は今後はあり得なくなります。改元を新帝が御裁可（聴許）されることを第一とするなら「改元は新帝の即位の礼当日とする」方が望ましいのかもしれません。これなら崩御の場合にも諒闇の一年間があり、改元の問題とされる所謂電子機器の調整にも都合がよいと思ひます。ただし一世一元は揺らぎますがこれをどうすればよいのでせうか。

元号の出典

我が国の元号の文字の出典について、平成に至るまで支那の古代文献、所謂漢籍から佳字二文字（四字年号もあり）が採られてきましたが、これを漢籍ではなく、我が国の書物、国書から採るのがよいとの声を聞きました。この意見はなるほどと思ふものですが、そこまでの拘りはなくともよいのではないかと思ひます。我々が日常使ふ文字は漢字で、この漢字から平仮名片仮名が生じたと言ひます。漢字は大陸で発生した文字で、「漢」の国の文字でありますが、我々はこれを外国の文字と意識して使用してゐない現状があります。確かに明治の初めに漢字廃止論や「かなのくわい（かなの会）」といふ、かなり過激な国粋的な活動もあつて、その気持ちもわからなくはありませんが、我々は今、漢字を外国の文字どころか、日本の文字として認識してゐるのではないでせうか。漢字や漢籍が我が国の文化の進展に大きな寄与をしたことは明らかですし、漢籍を「国語」として読み下してきた歴史があります。つまり漢籍や漢文を外国語としてまた支那語として読んではゐません。ゆゑに国語の古典として教科書に漢文があるのです。漢文はもとは漢籍でありませうが、『論語』や『千字文』などは応神天皇の御代に伝来して以来、これを「国語」としてしまひ、そのやうに扱つてゐるのでありますす。そしてこれらのものを「国語」として読み下してきた歴史があります。その重みも考へる必要がありませう。

この場合、国書と言つたところで『古事記』『日本書紀』『萬葉集』『懐風藻』などの上代の文献でありませうが、いづれも国書ながら支那の漢字文化の影響を多分に受けてゐるものです。『日本書紀』の記述が支那の文献を踏まへたものであることは、河村秀根の『書紀集解』に書いてある通りです。

元号の出典と国書

そのやうなことを考へてゐたため、「令和」の発表の時に、この出典が漢籍ではなく、国書である『萬葉集』であつたことに驚きました。私は典拠が漢籍であつたとしても、もはや「国語」として読み下してゐるとの認識から、元号の出典が国書であるか漢籍であるかにあまり拘る必要はないのではないかと考へてゐたのですが、これは目から鱗でした。それでも詳しく吟味すれば、なほ考へる余地が残りました。元号がそもそも漢字文化から発生したものである以上、漢籍、または漢籍の影響を受けた国書以外からの勘進は難しいものとなります。国書としての『古事記』『萬葉集』はその本文や和歌などは純粋な国文で綴られ、時には漢字の音のみを借りて表記されてゐる所があり、純粋な漢文とは言へないところがあります。さうですからそこから元号に相応しいよい意味を持つた文字を探すのは難しいといふのが私の考へでありました。

ところが今回の「令和」は巻五の「梅花歌三十二首并序」といつた大伴旅人の歌の序文から採用された二文字でした。この発案者はかなり『萬葉集』を読み込んでゐる人物だと思はれます。さうでなければこのやうな考へは浮かびませんし、仮に私に『萬葉集』から元号を勘案せよと命が下つた場合、このやうな序文、和歌の詞書などは除いて歌本文ばかりを見てしまひます。

『萬葉集』巻の五の中に次のやうにあります。天平二年正月十三日に大伴旅人の邸宅にて宴会を開いたところ、梅が馥郁(ふくいく)と薫つてゐたのでした。序文は「于時　初春令月　気淑風和　梅披鏡前之粉云々」とやや長い文が続きます。これは漢籍の『蘭亭序』序の「是日也　天朗気清　恵風和暢云々」を模倣したものと言ひます。またこの序文には漢籍である『淮南子』や『文選』とを真似た似た表現があることも知られてゐます。

「令和」の他にあつた案の「英弘」なども『古事記』の本文ではなく、太安萬侶の序文にある「英風を敷きて以て國を弘めたまふ」といふ語句から採りました。同じく案にあつた「広至」は

『日本書紀』の欽明天皇紀三十一年春三月の詔、「豈微猷の広く披ひて、至徳魏々、仁化傍通」から採りました。『日本書紀』にある詔などはどれもが漢籍を真似、対句を多用した駢儷文であり、二文字の佳字を取り出すには都合のいいものでありました。神武天皇即位建都の詔にある「養正」の語句など、二千六百年を記念して建てられた都の美術館の名前（養正館）ともなりました。古事記の序文においてもその潤飾は同様であります。

これを漢籍の模倣と見るのか、国書としてさらに独自のものを意識したとみるのか、見方は様々ですが、「令和」以外の案も国書から採用されたことは、新たな出来事でありました。基礎としてゐた漢籍を乗り越えた感もします。かうなると今後も国書の中のこのやうな文をも含めた幅の広い古典からの採用となるのでありませう。それで幅が広がるなら結構なことだと思ひます。ただ漢籍から採ることが、支那への配慮や屈従にあたるなどと考へることは避けたいと思ひます。そのやうに考へた時にはこの元号自身が支那を発祥とするものであるとの袋小路に入り込むことになります。自ら作り出した元号を自ら絶つた支那と、その漢字文化を自らのものに変へてこの国土に定着させた我が国との文化の違ひを思ふばかりであります。「令和」の元号が国書である萬葉集から採られたことは、大きな変化ではありましたが、この兆しは平成十二年の、昭和天皇の皇后でいらした香淳皇后の御追号を勅定される時にありました。従来皇后の御追号は、元号の選定や徳川時代後期の天皇の諡号の復活と同じく漢籍から御遺徳（坤徳）を示す佳字を選んで奉つてをりました。大正天皇の皇后（貞明皇后）には漢籍である『易経』の「日月の道は貞しくして明らかなり」から勅定されました。それをこの折には国書である『懐風藻』の安倍廣庭の詩「春日侍宴」（花舒桃花香・草秀蘭筵新）、山前王の詩「侍宴」（四海既無為　九域正清淳）から勅定されたのです。これは初めてのことでありましたが、あまり気づく人はなかつたやうです。国書への回帰が静かに行はれたことに私は不思議な思ひを致しました。今は「令和」といふ元号が国民生活に定着することを願ひます。

元号の軽視

新元号の発表まで数ヶ月となると国民の関心は次の元号にあるやうでした。職場でも何かの拍子でこの話題になりましたし、平成生まれの生徒も気にしてをりました。元号報道が熾烈になると昭和の時も「光文」の誤報問題があつたやうに慎重を期すべきものです。

そのやうな折の平成三十一年一月十日にフジテレヴィに「元号を取れ！」といふ番組が報映されました。これは、昭和天皇が御不予の時に各報道機関が次の元号が何か、その情報をいち早く手にいれるべく鎬を削つてゐたことを再現した番組でした。私はテレヴィを見ませんのでその詳細は知りませんが、知友からの伝聞によれば、毎日新聞は「平成」の公表前三十五分にこの情報を得ましたが、昭和の時の「光文」誤報事件の二の舞を恐れ、報道しなかつたとのことです。それをドラマ化したもので、その中に次のやうな会話があつたとのことです。

「発表すれば国民皆が知ることになる元号を、政府はなぜ隠すのでせうか」

「大本営発表の様に権力は嘘をつく。だから国民に真実を知らせる義務がある」

このやうな会話は妙に国民の俗耳に入り易いもので、マスコミの印象操作とはこのやうなことを言ひ、改元の重みを全く考へずに、自分らの興味本位を正当化してゐるに過ぎないのです。何事も手続きがあつて物事は成立してゐます。別段隠してゐる訳ではなく、その時が来れば発表されるものをなぜ一刻も争つて知らうとし、それを知らせようとするのかが問題なのです。合格発表を事前に察知して報道することがありませうか。そのやうなことがあれば、その不正に知り得た情報こそ糾弾されるべきものです。この大本営発表と元号の発表は次元の違ふことで、この番組を見る者に権力は嘘を付くとの印象を植ゑつける巧みな報道となつてゐます。これは次元が違ひ全く関係ないものでせう。平成の改元の折もさうであつた以上、今回も各報道機関が様々な対策、対応をして情報を収集してゐたことと思ひますが、我々は四月一日の発表を不本意ながら粛々と聞きました。陛下の御裁可のその前に、その重みを蔑ろにするやうな、不快な思ひのするやうな興味本位的な報道は今後も慎むべきであると訴へておきます。

改元と西暦

改元の話題が出てくると決まつて元号批判の声が聞こえてきます。平成度は所謂天皇と結びつけて、国旗国歌論争と同じやうに批判があがりました。今回はそのやうな過激なものではなく、電子機器による日付の管理に誤差が生じるなどとのことで、それならいつさう西暦にしてしまふのがよいといふ考へがありました。全てこれらはその蔭に元号軽視の動きが巧みに機能してゐることに気づかなくてはなりません。西暦化の推進は監視を怠ると、取り返しがつかないことになりかねません。

たとへば平成三十年に打ち出された運転免許証の西暦一本化の年号表示が年末に西暦に括弧付で元号を併記することに落ち着きました。外人がわかりづらいから云々とその理由を述べてゐましたが、西暦のみの表示にするとの原案が、多くの国民の疑問視するところとなり、その意見によつてこのやうに併記の形になりました。しかし、西暦を優先にして元号を併記するとの実に姑息な手段によつて、実質のところ西暦を採用したことには変はりはありません。このやうになかなか油断はならない現状です。何度も申しますが、西暦は基督教暦であり宗教暦であるとの認識を持たねばなりません。なんでも政教分離の原則がうるさく言はれる時代ですが、それならそれに照らし合はせた時に、この西暦優先といふ表記法はどのやうなものなのでありませう。

また、この改元に関連して通勤定期などの切符類も西暦一本となりました。銀行の通帳もその年紀は西暦だけになりました。平成の終はりと共に西暦が何の断りもなく当然のやうに採用されてきてをります。ここに国民精神の廃頽とも申すべき非常に安易な事態が惹起されてゐることに憂慮し、気づかねばなりません。危険な隠れ蓑は「グロウバル化」ですが、この語の真意を解さずに何でも西暦に倣へとは愚弄されてゐる思ひも致します。私はいつかこの「グロウバル化」が大きな妄想であつたと気づく時が来ると思ひます。現にこの武漢肺炎禍はその一端であるとの指摘もあります。手遅れにならないやうにここに書いて警鐘を鳴らしておきます。

あらためて申し上げますが、元号には依拠する「元号法」がありますが、西暦にはそれがありません。法的に根拠も依拠するものもない、何だかわからない紀年法を「グロウバル化」の掛け声のもと、全世界の共通などとのまやかしを真に請け、なぜそのやうに奉じなければならないのでせうか。元号が法制化される前に、元号の法的根拠を論らつた人たちは世界共通を隠れ蓑にして西暦の法的根拠を只管隠蔽しました。何度も強く言ひますが、元号を大切に思ふならその西暦併記などを止めるべきです。保守を名乗る人の表記や出版物は西暦併記はやめるべきです。もはやそのやうなことまでもせねばならない状況となつてゐるのです。

ちなみに新聞の日付に西暦が併記された歴史を述べておきます。朝日新聞が早く、昭和五十一年元日です。昭和天皇の御在位五十年を迎へ「元号法」の話題が盛んになつてきた時代に、従来の元号表記を止めて西暦に元号を併記しました。読売新聞が昭和六十三年の元日、昭和天皇の御手術入院明けの新年からです。そして日経新聞が六十三年の九月二十三日、折しも昭和天皇の突然の御不予の日の翌日でした。そして東京新聞がこの年の十二月一日です。いづれも従来の元号表記を改め、西暦に括弧付けで元号を併記したのです。これらの日付から実に不穏な政治的な動きを感じるのです。

元号と御朱印

元号の発表がある前日に、年度の変はりめによつて、通勤の定期を新たにしましたが、その年号が西暦になつてゐました。これもか、と何とも寂しい思ひを致しました。これからはこのやうな思ひをすることが増えるのかなとも思ひました。それゆゑ元号の使用について広く訴へたく思ひます。かやうに西暦一本化の波の中で、先日ある神職と話をしてゐたら、今流行の御朱印の話題となりました。その中で平成最後の日、また翌日の令和の初日は仕事の休み日でもあつたため、この日付の御朱印を求めて多くの人が参拝にみえて、その対応に大変であつたとのことでした。殊に有名な大社では数時間待つ行列ができたさうです。これは大変興味あるお話でした。なるほど平成三十一年の四月三十日は「平成」最後の日であり、この日はやはり特別な日でした。同様に翌日もまた令和の幕開けの日であつたのです。

毎年日付にある数字が並ぶ、または語呂合はせによつて、何かの記念日とされたりして、特別の行事や記念品が販売されることはありますが、この両日は西暦表記では何も意味しない日です。同じ日であつても元号によつて、改元といふ実は重要なものを御朱印の日付に記録し、長く心に留めておかうとすることは、やはり我が民族の根柢にある心意なのでありませう。これに気づいた商魂逞しい業者は、この両日に元号を書いた記念の品を限定で販売し、国民もまたそれを歓迎したのです。西暦に切り替へたばかりの鉄道でもわざわざ元号記載の切符などをこの日に限つて販売したところもあると聞きました。これが国民の根柢の心理の実態なのです。殊に今回は崩御による諒闇ではありませんでしたから、幾分御祭り気分でもあつたわけです。

どのやうな元号であれ、必ずや国民に浸透するでせうし、来年の暦には元に戻り、何の違和感もなく元号が書かれることでありませう。やはり西暦よりも元号で時代を把握してきた国民性は今後も変はらないことと思ひます。大化の改新以来、国史上の事件は時の元号を冠して称され、それが時代の把握に深い関係性となつてゐるのです。維新前の慶応からはじまり明治大正昭和平成の年号は実に身近にあり、これを冠した会社企業名、大学名、果ては地名など幾らでも挙げることができます。私が教職に就いて、最初の卒業生が平成元年三月でした。そして八回目の卒業生を平成三十一年の三月に送り出しました。退職までの数年を思へば私の教員生活は平成の御代とともにあつたと言へるのです。西暦の便利さは時代の数を数へる縦系列と、世界に通じるとの横系列のみにあつて、日本人が持つところの時代感覚などはありません。元号にはその意味するところがあるのです。

「令和」の元号

「令和」の元号は三月十四日に識者に対して文字の考案が委嘱されました。公布の十八日前になります。撰進された文字案を首相等が検討し、内閣によつて文字の選定がなされ、公布の四月一日に有識者からなる懇談会が開かれました。ついで衆参正副議長の意見聴衆がなされて閣僚会議で「令和」と決定し、天皇陛下の御聴許、皇太子殿下への御報告がなされ、即日に改元の政令によつて公布されました。この日程は事前に元号が漏洩することを防ぐためのものであつたやうですが、深く審議されてはゐないやうにも感じます。

「令和」の「令」の字は今までの我が国の元号には使用例がなく、初めての文字となります。嘗て幕末の「文久」「元治」の改元の時に「令徳」といふ案が、公卿で文章博士の高辻修長が勘進しましたが、採用には至りませんでした。ちなみに修長は慶應改元の時に、「平成」を勘進しましたが、これも採用されませんでした。

ところで、この「令和」の元号を勘進した人物として、著名な万葉学者が取沙汰されてゐます。ご本人はさうではないと言明されてゐるのですが、もはやこの人だと断言して報道されてゐるやうで、渋々認めておいでのやうです。これについても思ふことがありました。嘗て平成改元の前に、当時の著名な漢学者でありました東大名誉教授の宇野精一先生に、先生は元号の勘進に与かるのですかと質問したことがあります。私もまだ若く、何かの会の後の場でありましたが、先生は言下に「中澤君、学者は勘進するまでのことで、あとは陛下がお決めになる。元号は陛下がお決めになるものだから、誰が勘進しようがそれは取沙汰するものではない」とおつしやいました。誰かが勘進するのだが、それは個人のものではなく、元号の勘進は個人の名誉のためではないと言ふのです。なるほどさういふものかと思ひました。世間では勘進者を誰それだと云々してをりますが、一度勘進した以上は自分の手を離れたものであるのです。この万葉学者も高い見識と慎みをお持ちで自分とは関係ないと言つてゐる以上、これ以上の詮索は止めた方がいいのです。それが慎みといふものなのです。

ついでに申し上げておきますが、新元号の「令和」は「れいわ」といふ音の響きの美しさがあるとのことです。漢字には呉音、漢音、唐音といふ、同じ文字でも我が国に渡来した時の、支那の地方の音が伝はつてゐる場合があります。例へば「京」にはキャウ、ケイ、キンといつた三種の読みがあります。ある方からこのやうに音の統一を考へると、令和は漢音では「レイクワ」、呉音では「リヤウワ」となつて、「レイワ」では漢音、呉音の組み合はせではないかとの質問を受けました。しかしながら、大正も昭和も漢音と呉音の組み合はせです。元号の読み方については森鷗外の『元号考』、山田孝雄の『元号読方考証稿』が一番優れてゐます。また国立公文書館に大正天皇の御即位の折の『大礼記録』があつて、この五巻が「改元」について実に細かな記録となつてゐて、大正改元へ向けての先人の意欲と疎漏なき取り計らひを今に伝へてをります。ここには元号の勘進者の名前も書かれてゐます。その中に確か内閣法制局長の言として「元号の一文字は漢音、二文字は呉音を使ふのが古例であり、これによるべし」といふやうな文言があつたと記憶します。大正をタイセイと読む案でもあつたのかもしれません。『帝室制度史』や『古事類苑』を見ましても改元のことにはかなりの頁を割いてゐて、今はこの発言が何に準拠してゐるのか探しだせずにゐますが、漢音呉音の組み合はせが一番国語として馴染むのかもしれません。ただその場合は平成は「ヘイジャウ」となりますが、これは平城天皇の号や奈良の「平城京」との音の共通を避けたのでありませう。この度の改元では音の組み合はせの問題までは明らかにされてゐませんが、歴史を顧た時にこれも一つの見方となります。我が国の元号には「ショウワ」と音読するものが三つあります。承和、正和、昭和ですが歴史的仮名遣表記がそれぞれ違ひます。音読すれば同じですが、承和（ショウワ）、正和（シャウワ）、昭和（セウワ）となり、実はこのやうな点までを考へて勘進してゐたのです（承和はジョウワと濁る説もあります）。このやうなことを考へる一方で、元号に批判的な方々は「令」の文字に命令の意味が取れるなどと言つてをりました。穿（うが）ちすぎた考へでありませう。

元号と皇紀

令和二年の年初は「令和」改元後の初めての正月でありましたが、西暦が二〇二〇年と語呂が良いためか残念なことに元号の使用より西暦の方が目立つた気がします。年賀状も元号と西暦とが半々でありました。殊に五輪の開催の年（実際には延期）といふことでグロウバル化の掛け声が聞こえてゐます。あれほど昨年の五月には「令和」改元を挙つて歓迎したものの、その熱も普通に戻りましたが、「令和」の元号は確かに国民に定着したことは事実でありますし、今や何ら違和感なく国民生活に根付きました。しかしまた放つておくと西暦が優先されてしまひますから、注意が必要です。そこであらためて元号と皇紀の問題について取り上げておきます。皇紀とは初代神武天皇が大和の橿原宮で即位された年を元年とするもので、令和二年は二六八〇年に当ります。西暦に六六〇年を足した数です。あと二十年で皇紀の「紀元二七〇〇年」を迎へます。

政府は新元号の発表をひと月前倒しにしました。国民生活への配慮、混乱を避けるためと説明されてゐましたが、その中に「暦業者」に関しての問題といふものがあり、なんでも次年のカレンダアの作成にあたり、この一箇月の差で元号が刷り込まれるか否か別れるといふ噂がありました。真偽は定かではありませんが五月の発表では次年のカレンダアに令和の元号が載らない、印刷が間に合はないといふのです。そんなに早くに印刷をするのかと疑問に思ひました。平成の折は改元が一月でありましたが、当時は現在でも潜在してゐる元号拒否＝西暦化への蠢動があからさまにあつて、平成二年のカレンダアには一月改元にも関はらず元号がないものが目立ちました。これは極めて遺憾なことでありました。しかしそれは年を逐ふに従ひ次第に是正されて、このたびは大方令和の元号が西暦と共に記載されてゐるものが目立ちましたが、これは一箇月前倒しにした成果なのだらうなと揶揄してしまひます。いづれにせよ元号無視、無関心についてはなほ油断はおけないものです。さらに暦業界に一言申し上げたいことがあります。国民の祝日を日曜と同じ赤色の数字（日付）にしてゐるものが、その大方でありますが、これでは単なる休日と同じであり、その祝日の意義が不明となります。是非国旗を象る、または日の丸を数字の下に刷るなどの工夫をしていただきたいものです。日捲りの暦には今も二叉の国旗が赤で刷られてゐるものがあり、これこそが今日は祝日（祝祭日）であるとの認識を生じさせるものとなつてゐるのです。新聞においても産経新聞のみ祝日は日付の脇に国旗を掲げてをります。このやうな工夫が必要であります。

また、今年は皇紀二六八〇年ですのでこれについての啓蒙も必要となります。今年の手帳業者各社の手帳で西暦の記載は当然ですが、皇紀を記載してあるものは皆無でした。運勢判断暦の冊子などを見ますと、最初の方に西暦と並んで皇紀が併記されてゐますが、これも本文にはありません。皇紀を明記してゐるのは主に神社で頒布してゐる暦などで、手帳では伊勢の神宮崇敬会の会員用の「神宮手帳」や、神社界の新聞である神社新報社で刊行してゐる「神職手帳」ぐらゐでありませう。「神宮手帳」は皇紀とは書かず、「紀元」の表記に統一してあり、別に「西暦」としてこれが併記されてゐて、これは一つの見識であります。またこの手帳には巻末に御歴代の天皇の一覧があり、これも即位年が皇紀で書かれ、また西暦が併記されてゐます。神武天皇の御在位は「紀元一年」からであり、西暦では「前六百六十年」とあります。これは我が国を主体とする正しい表記の仕方であります。

一方「神職手帳」にはやはり御歴代の天皇の一覧がありますが、この年紀は西暦となつてゐます。これは巻頭に皇紀を明記し、宮中祭祀のある日にはその祭祀名を書いてあるこの神職手帳の、大きな欠点となつてゐます。それのみか神武天皇から三十五代皇極天皇まではその即位の年紀が書かれてゐないのです。これは大きな瑕瑾(かきん)であり神武天皇から三十五代の皇極天皇までの御即位を認めてないやうな書きぶりで、大いに是正が求められます。このやうに神社界に重要な位置を占める、この手帳がこの体たらくではどうにもなりません。

また、歴史ものを扱ふ出版社の吉川弘文館から「歴史手帳」が刊行されてゐますが、歴史学に立つ、その巻末の年表でさへも、倭の五王としての応神天皇あたりから、御歴代の一覧が見えます。ここもそれ以前は歴史ではないとして、抹殺してゐるのです。かう考へるとやはり神職手帳の問題は明らかであり、その是正が望まれます。ちなみに、歴史学は科学であつて神話とは別のものであるとの考へがあり、神と人の境の明らかではない我が国の神話を歴史とは扱はないのが現状でありますが、これは科学的な「歴史」とは違ひ、「国史」であるのです。我が国独自の国のあしあとであつて、そのやうに考へれば神代の伝承も含まれることとなりませう。

譲位による改元は、じつに様々なことを投げかけてくれました。そこから元号の本義に関してあらためての法整備の必要性を感じました。また元号と西暦との関係や皇紀のありかたなど、さらに考へを深める必要を痛感しました。

第四章　即位礼

御即位の礼の問題点

天皇陛下におかせられましては、令和元年十月二十二日午前に宮中三殿に出御され、皇祖神はじめ御歴代の皇霊、天地神祇に御即位の由をお告げになられ、ついで午後には高御座にお昇りになられ、御即位の由を国民はじめ諸外国に宣明遊ばされました。天津日嗣しろしめしますこと萬世一系百二十六代、この悠久にして且つ無窮の皇統を戴き、かかる時に国民としてあつた喜びと自覚とを感慨深く思つたのであります。聖壽の萬歳と皇統の無窮を祈り寿ぎたく存じます。

東京は懸念してをりました通り、朝からの激しい雨で、肌寒い日となつてしまひました。十一時に即位礼は雨儀で行ふとの発表があり、宮殿前庭の威儀物捧持の庭上奉仕者が屋内に入り、寂しい感じがした上に、強風に煽られたためか、向かつて右側の萬歳旛、菊花章大錦旛が外れて地に堕ちてゐました。掛け直す時間がなかつたのでせうか、これはあり得ない懼れ多い失態で、設置した業者の責任問題でもあります。悪天が予想されなかつたわけでもありますまい。それなのにその失敗のことは一切報道されませんでした。

また、御儀は恙無く行はれましたが、勅語が終り、陛下に御笏が戻る前に安倍首相が礼をして壽詞を読まうと動いた時には思はずテレヴィに向かつて「まだだ！」と声を出してしまひました。危ふいところでした。その後午後一時二十四分、聖寿萬歳の声は澎湃として国内に満ち溢れました。不思議なことに御儀の始まる午後一時の少し前から陽の光が射し込んできて雨脚は弱くなりました。そして時恰も萬歳の時には朝来の雨が嘘のやうに上がり、一時的ですが晴れ間ものぞきました。大内山に虹がかかつたさうです。洵に不思議な現象でありましたが、これは日の皇子の証であり、やはり神意であつたと思ふのであります。この体験は本当に有難く身震ひするほどであり、長く語り伝へていくべきことであります。さう思ふと神話に基づく鮎と甕の図案を除いた萬歳播や、同様に金鵄の刺繍の代はりに立てられた菊花章大錦播が外れたのも神意だつたのかもしれません。

今回の即位の礼においては、古儀である「宸儀初見」の形に戻つたことが有難いものでした。即位の礼において陛下は高御座に昇御されますが、その前に参列者に御姿を現はしてはならないもので、正面の帷帳が開かれ初めて龍顔を拝する時が天孫の降臨の再来であるとの謂ひがあります。平成度の即位の礼では外国国賓のためでせうか、陛下には回廊をお回りいただき、高御座に昇御される前に一度お姿を拝するとの形をとりました。これは高御座の意義を無視した不自然なもので、陛下を見世物扱ひにした感がしました。

現憲法下の「即位の礼」は、今回で二度目となり、私としてはなほ不満もありますし、また別の様々な反対意見などもあるやうですが、ここに一つの形が成立したと見てよいのかもしれません。今回の即位の礼の前には、どのやうな形が望ましいのか、御歴代の即位の儀を通して、果たしていつの時代の儀礼を以て正しいとするのか、その基準は様々であるとの論調を見ました。それは確かでありますが、その中で時代とともに変はりゆくものである、変はるべきだとの意見が目につきました。これは一見わかりやすく、受け入れやすい発言でもありますが、一方では慎重さの欠けた問題を孕んだものでもあります。伝統として（維新の折に新たに考案されたとしても）安易に時代とともに変はるなどはありえないものなのです。本来、依拠すべきものは先人の叡智によつて定められた「登極令」の規定であるとの、この一点だけは抑へておく必要があり、これを確認し基準として考へるべきであります。そしてどこがどう、なぜそのやうに違ふのかを考へるべきでありませう。

例へば首相の装束です。「登極令」では束帯と明記され、大隈重信も田中義一も束帯で臨みました。平成の折には海部首相がモーニングを着用し、今回もそれに倣ひました。そのため、皇族方はじめ宮内庁関係者までが伝統の装束を着用してゐる中で一人首相がモーニングを着用してゐて、頗る違和感がありました。また宮殿松の間の前には京都の紫宸殿に倣ひ平成度から十三階の階段を設けましたが、実際にはこの階段は無用なものとなつてゐます。「登極令」によれば首相の萬歳の位置はこの階下であり、殿上で壽詞（よごと）を奏したあと、一度階を降りて、そこで萬歳を唱へることになつてゐました。「陛下」といふ後はこれがもとになつた語です。この位置も平成以来殿上となりましたが、この相違が何を示すものか、それはなぜかなどその相違をきちんと整理して理解しておく必要があるのです。これが抜け落ちると残念なことになります。

その残念な例として東京都神社庁が社頭配布した、令和元年の十月の「生命の言葉」が挙げられます。この裏面の即位礼の説明で先の萬歳旛について「神話に由来する五匹の鮎と酒壺が描かれ」てゐる云々とありました。何度も申し上げますが、これは神話に由来するために政教分離沙汰になることを懸念した平成度の当時の政府によつてに削除された図案であつて、以来五匹の鮎と酒壺はどこにもありません。さらに金鵄も八咫烏もこの時に同様な理由によつて削除されました。私はこのことを何度も問題視し、拙著『宮中祭祀』においても指摘してきたのです。本来神社界として、また神職として一番の問題にせねばならないものなのに、それがこれであつては嘆かはしいものです。このやうなことがないやう、今一度現憲法下の即位礼が、「登極令」の規定とどのやうに相違し、それはなぜなのかを整理しておく必要があるのです。それは次の即位の礼に向けてどうするべきかといつた考へになるものなのです。本義に照らしてまだ改めるべきこと、直すべきことがあるのです。

御即位の礼のあとに

平成度の御即位の時には過激派による度重なる悪質な破壊行動があり、即位の礼当日も朝から各地で神社への放火騒動などがありました。皇居に迫撃弾が打ち込まれたのもこの時でありました。それに較べれば今回は実に穏やかなものでありました。テレヴィの報道なども

「三種の神器とともに――」「天照大御神を祀る賢所に――」など平成度には報道されることのなかつた文言が自然と聞かれるやうになりましたし、メディアの発達によつて賢所の儀や正殿の儀での、宝剣・神璽ともに御動座のお姿が随分と放映されるやうになりました。高御座や装束の説明なども、初めてこの儀を拝する国民に向けた適宜なものでありました。学校教育では教へられないことが今回は平易に映像を伴ひ、ネットを通じて広く国民をはじめ内外に伝へられたのではないでせうか。そのやうな点でも今日における我が国の、この御儀は有難いことでありました。

しかし、前日の二十一日、一部の学校現場においては、明日のことを語る教師は皆無であつて、逆に職員室では左傾の教師が大声で「颱風の被害をよそに云々」「火曜が休みで授業時数が減つて云々」と朝から聞き苦しい批判をし、また多くの教師がそれに相槌をうつて話してゐたと言ひます。公立の学校などはいつの時代もこのやうな場であつて、驚きませんがやや悲しくなります。他のどのやうな職場も推して知るべしでありませうか。天皇皇室に関する教育はもはや学校には期待できません。真の教育正常化とは学校において、このことが批判ばかりではなく自然に話せる場となつた時であります。今回の報道はその点やや正常化したむきもありますし、これは歓迎すべきことでもありました。故意に「開かれた皇室」などとも言はない、皇室と国民との自然な紐帯、結びつき、これが望ましい姿でありませう。少しづつさういふ時代になつてきてゐることを感じます。

思へばこの御儀の十日程前に颱風が猛威を振ひ、国内の多数の河川が氾濫し甚大な被害が出て、大切な御儀の祝意奉表をも憚られる事態ともなりましたが、復旧の槌音の中で新たな令和の御代が確として幕開けしたのであります。このことはまたこの御代も世の泰平を祈りつつも自然災害と向き合はねばならぬ国民の覚悟ともなつたことと思はれます。またこの災害への大御心、御軫念は只ならぬものがあつて、即位の礼の後に予定されてゐた祝賀御列の儀が十一月十日に延引になりました。もつとも残念ながら予定の日は雨儀でしたので、災害がなかつたとしても天候によつて延引になつてゐたとも拝察致します。

そもそも今回の即位礼の日程がなぜ十月二十二日であつたのか、確とした説明がないまま過ぎました。両陛下や皇族方の御負担を軽減するためといひ、御即位から饗宴儀を経て大嘗祭に至る期間に余裕を持たせたといふものの、十月のこの頃は颱風の襲来が多い季節となつてゐて、やはり古例にしたがひ十一月が望ましかつたのです。御即位の礼の二十二日も東京は温帯低気圧になつた颱風が降らせた雨でした。今後はそのやうなことをも考へねばなりません。大正、昭和度の十一月十日は、御儀が行はれた京都における晴天の確率が一番高い日を選んでのことでした。天候まで周到に考へに入れて決められてゐたのです。

御即位奉祝国民祭典

十一月九日の皇居前広場での「御即位奉祝国民祭典」には両陛下共に正門石橋に出御遊ばされ、親しく勅語を賜りました。この日のために作られた奉祝歌が演奏されましたが、その題名が横文字であつたことはいかがかと思ひましたが、第三楽章の歌詞は、よくできてゐて、巧みに「君」の語を織り込んだ歌詞に感嘆しました。「僕らは君のそばにいる」「君が笑えば世界が輝く」など、この「君」は大君の意にも、あなたの意にも取れます。作詞者にその意図があつたか否かわかりませんが、私は大君の意に解釈しました。ある意味で不遜かもしれませんが「大丈夫　君と笑ってゆく　大丈夫　君と歩いてゆく」などは君民一体を表したものと思ひました。入御の折の萬歳の歓呼の声は止むことなく続き、後日あれを異様な事態だと指摘してゐる識者もゐましたが、あれはあの場にゐた者の自然の感情の発露といふものです。

また、翌日は延引となつてゐた祝賀御列の儀が御無事に行はれ、好天であつたこともあり十四万もの人出であつたと言ひます。警備の問題も時代の変遷により、何が出てくるかわからない状況の中、大変であつたやうですが、陛下の御身の上を考へると、かやうな行事はそろそろ再考が必要なのではないかと思はれます。多くの新聞が紙面を割いてこの記事を載せ、その多くが好意的な記述でありましたが、国民の両陛下への親しみはよしとしても、一番大切な畏敬の念が欠けてはゐまいかと思はれました。

近年、一般参賀に皇居へ参上しても、多くの国民がスマアトフォン（携帯電話）を使つて、長和殿を写してをります。萬歳を叫び旗を振らうものなら、撮影の邪魔だと文句を言はれる程です。この御列の儀にもそのやうなことが気になりました。当然のことですが両陛下は見世物ではありませんし、御手を振つておいでであれば、それに対する答礼をすべきであり、写真を撮り続けることはいかがかと思ひます。やはり慎みの念、畏敬の念が必要であります。手軽に写真や動画が撮れるやうになつたことから、利点とはまた逆に犯罪なども起きてをります。そして親しみのなかに畏敬の念がなければなりません。親しみの情のみが増長し、畏敬の念が欠けた場合、そこには正常な君と民の関係は成り立ちません。そのことを強く考へました。今後の大きな課題はこれでありませう。

実は国民祭典の前日に、陛下は大嘗祭にあたり勅使を神宮へ御発遣なさいました。そして翌十一月十日には御列の儀でした。実は十四日の大嘗祭のため、古例では前三日、即ち十一日から御潔斎の生活とおなりになりました。実に大祀の合間にこのやうな国民に向けた行事を組み入れたことに、私は不安や心配がありました。せめて大嘗祭後にすべきであつたと思ひます。少しのお怪我でもあれば祭儀に支障がでます。大嘗祭の延引はありえません。慎重な判断が必要であつたと思ひます。

それでも今回の一連の譲位践祚の儀を拝し、それが滞りなく終へたことはよかつたと思ひます。しかし、その中で当然のことと思ふものと、大きな失態であつたと指摘できることとが混在してゐて、これも今一度整理が必要でもありますし、今の我が国の難しい側面や現状が浮き彫りにされたのは、ある面でよかつたのかもしれません。政府は二百年前の光格天皇の譲位儀を参考にするとは言ひつつも、何もそれに準ずることなく、「即位礼」に対応する「退位礼」であると言ひつつも、それはかなり簡素なものでありました。ただ神器のお取り扱ひについては旧例に遵ひ微動だにしませんでしたし、譲位前後の神宮や賢所の御親謁、御親祭なども当然のことでありました。先に述べた通りに改元の手続きの問題などは悪い例を残しましたが、今後も譲位の可能性はある、との認識の下で、さらなる皇位の尊厳を中心に据ゑた儀礼の整備を考へるべきでありませう。

故実と先例

皇室の歴史は長く、そこに様々な故実と先例が生じました。宮中の儀式にはそのやうな多くの積み重ねが一つの儀礼となつてゐる場合があります。細かなことでもその故実に通じてゐないと後世に大きな過誤を生じることになります。

令和元年五月、今上陛下はご自分が御即位なさる日を宮中三殿に自らお告げになられる「告期の儀」に望まれました。この時、同時刻で伊勢の神宮と山陵において勅使参向のもと同様の祭儀が行はれました。この儀の数日前、宮中においてこの勅使を発遣する儀式が行はれ、陛下は御引直衣を召されて出御、伊勢の神宮への勅使には殊に「よく申して奉れ（懇切丁寧に申し上げよ）」との勅語を賜ふのが例とされてをります。この儀は即位儀礼の最初を飾る重儀で参向の勅使は帯剣で臨みます。そして陛下の右後ろに陛下の剣を捧持する副従の侍従が控へることになつてゐます。私はこの儀式に関して大きな心配をしてをりましたが、令和度のこの「勅使発遣の儀」の映像を拝し、安堵しました。

平成の折にも同様の儀礼が行はれましたが、陛下の剣を捧持する副従がその剣の切つ先を陛下の方に向けて捧げてゐたのです。刃の向きが故実に反して内側になつてゐたのです。これは儀礼の太刀でありますが刃の向きが逆になることほど大きな間違ひはありません。これは写真になつて今も容易に拝することができます。昭和の折から六十年を経過し、その故実に気づかなかつたのか、当日の副従の粗相かわかりませんがこれを宮内庁に書簡で説明を求めましたが、無視されて何ら回答をいただけませんでした。

それゆゑに令和の折にはその間違つた故実を踏襲するのか否かが、大きな関心事でありましたが、今回はその太刀の向きが逆に外向けになつてをりました。先に述べた私の安堵はこれであります。それで私は今度はなぜ太刀の向きが変はつたのか、その理由を宮内庁に質問しましたが、これも無視されて一年以上たちますが何ら回答は得られてをりません。国民のこのやうな質問に答へるのが宮内庁のあるべき姿と思ひますが、どうしたことか相手にしないのは自らの過ちを認めることになるからなのでせうか。私には理解ができません。私は別に誤つたとしてもそれを咎めは致しません。自らがその過ちに気づいて、次からご注意いただければ良いわけで、それ以上のことは望んではゐません。ただそのやうなことでも見逃さずにゐる国民がゐることを知らしめることが大事なのです。それなのにこれは極めて残念なことでありましたし、また面倒なものは無視するといふ宮内庁の体質の一端なのかもしれません。

即位灌頂と天曺地府祭――忘れ去られた即位儀礼

天皇の即位儀礼に「即位灌頂」といふ仏教儀礼がありました。平安末、鎌倉頃から成立した儀礼のやうですが、幕末の孝明天皇の即位まで行はれてゐました。徳川時代では主に摂家の二条家に伝へられた印相を天皇に伝授し、この印を結び、真言を唱へる儀礼を通じて天皇は大日如来と一体になるとしたものでした。大日如来は本地垂迹の思想では天照大御神のことであり、伊勢の朝熊山（金剛證寺）に大日如来の化身といふ雨宝童子を祀つてあるのも内宮の本地であるからと説明してをります。かやうに天皇は即位にあたり、大嘗祭で神道の最高の祭祀王になるとともに即位灌頂によつて仏教の最高統率者になつたのです。この儀礼は明治天皇の即位の時に廃されましたが、日本の仏教とはこのやうに天皇のもとに、天皇のためにあるものとされたのです。それは今日に至るまで大師号禅師号が天皇から贈られてゐる事実からも言へるものなのです。

もう一つ、忘れられてしまつた即位儀礼に「天曺地府祭」があります。これは陰陽道における即位儀礼で、これも幕末の孝明天皇の即位まで行はれてゐましたが、明治になつて陰陽道そのものが停止廃止となつたために、取止めてしまひました。これは公家で陰陽師の元締めの家柄である土御門家において行はれてきました。「天曺」が正しいのですが「天曹」と誤まつて書かれて流布してゐます。陰陽道はそもそも天を祀る祭儀で、そこに風水など五行の説が入り呪術的なものとして日本独自の発展をしました。

これも鎌倉末ころの成立と言はれ、その起源は明らかではありません。当日、勅使が天皇の撫物（装束と言ふ）が納められた筥（はこ）を土御門家に持参し、当主が天を祀る陰陽道の秘法を施します。これにより天皇は陰陽道の最高権威者として君臨することになります。古代支那では皇帝が天壇に登り天を拝する行事が行はれてゐました。このことは清でも再興されて皇帝が天帝を祀つてゐました。

本来「八十島祭」といふ即位に関連した祭儀が摂津の海辺で行はれてゐましたが、これが後醍醐天皇のあと、南北争乱の影響で途絶したのを、この形に転用したのだとの説があります。「八十島祭」も禊の儀礼、国魂付着儀礼など諸説がありますが、何れにせよ孝明天皇までは、神道、仏教、陰陽道といつた三つの即位儀礼を通して、その最高統括者としての皇位があり、逆に皇位は我が国の全ての宗教的な環境によつて護られると言ふ思想になつてゐたのです。かやうに皇位＝天皇は宗教を超越したところにあつたのです。

宗教的権威と統治大権

かやうに皇位は宗教的な権威を背景にもち、明治維新になりました。維新後の天皇は国家の元首として政治や軍隊を司る統治大権と自ら祭祀を行ふ祭祀大権の二つを持ち、この統治と祭祀は表裏一体のものとなつたのです。これが本来の政（まつりごと）の姿であつたのです。しかるに戦後の憲法は政教分離といふ我が国の政の本義を理解できない思想が盛り込まれ、その宛がふことのできない尺度に当て嵌めようとすればそこに無理が生じ、それが憲法違反などと叫ばれる、やや歪な構造になりました。天皇の祭祀大権を単なる天皇個人、または皇室の信仰などとしてしまつたのです。これは逆の発想にすればそのやうに個人の、皇室のと言ふことで残すことができたとも言へるのかもしれません。昭和天皇に基督教への入信を勧めた米国の牧師がゐたとも言ひます。これなどは天皇の祭祀は個人のものでないと言ふことが理解されないよい例です。

ただあまりにもこの頃、この個人の信仰が憲法とからめて皇族の上にも言はれるやうになつてきました。皇族の御結婚も個人の意思であると言ふのと同様に、宮中祭祀も皇族個人の自由であらうといふのです。天皇が基督教へ入信し宮中祭祀を放棄されるなど、なさるはずはない、天皇は祭祀をするのが当然だと言ふ前に、陛下は世の平らぎを祈念されて祭祀をなさつてくださつてゐるのだといふ感謝の思ひを抱かないとならないと思ひます。

今上陛下は五月一日に践祚一年をお迎へになられ、この日宮中三殿の旬祭にお出ましになられ御拝なさいました。践祚一年の御奉告と武漢肺炎禍の沈静を御祈念なされた由でありますす。このやうな陛下の真摯な祈りに守られてゐることを自覚し、感謝し、我々も祈ることをしていかねばならないのです。

第五章　大嘗祭

大嘗祭の日程

令和の大嘗祭は十一月十四日の宵から翌十五日の早旦に行はれました。毎年の新嘗祭が二十三日ですので、随分早いと思はれますが、この日程になつた理由は古い例に大嘗祭は十一月の下の卯の日に行ふとの決まりがあつて、これによつたものです。現代の感覚では毎日の干支があるなど、あまり意識しませんが、二月の午の日が稲荷神社の祭礼だつたり、十一月の酉の日が「酉の市」であつたりと、今でもその感覚は生きてゐます。

令和元年は十一月に卯の日が三回あり、上卯が二日、中卯が十四日、下卯が二十六日です。これによりますと下の卯の日は二十六日となり、これでは恒例の新嘗祭の日より後になるし、三回ある場合は中の卯にせよとの定めにより、「中の卯」の十四日と決められました。平成の折が新嘗祭に近い日取りでしたから、今回の十四日は新嘗祭から見ると随分と前倒しで隔たりがあるやうに見えますが、これは「卯の日」を重視したからであり、もっともなことでありました。

しかしながら御即位式の十月二十二日は何によるのか、わからないままです。平成の折は、それ以前の大正、昭和の例に従ひ、即位の礼と大嘗祭が一連のものであると意識される日取りでありましたが、今回は即位礼が十月、その後饗宴や一般参賀などが予定され（ただし一般参賀は五月の践祚後になつた）、一息ついた十一月になつて大嘗祭の関連行事が始まりました。

明らかに即位の礼と大嘗祭とを一連のものではなく、別のものとしたとの印象を受けます。本来は表裏一体のものでなくてはならない即位の礼と大嘗祭とをこのやうに分けたのはやはり政教分離か、何かしらの配慮が働いたのではないかと感じてをります。なぜ十月二十二日でなくてはならなかつたのか、その説明がどこにもありませんでした。

また過去の明治、大正の即位の礼の日取りは十一月十日でありました。これは儀礼を行ふ京都における十一月の晴の天候の確率が一番高い日がその日であつたから、この日に定められました。嘗ての「登極令」によつて、即位の礼は京都で行ふと場所が固定されました。平成の折は京都での実施の声もありましたが警備の問題などから東京での実施となりましたが、それでもこの十一月十日に準じて検討されました。ただ十日が土曜であつたため、十二日の月曜日をその日にして三連休にしたのはあまり感心できない点でもありました

大嘗祭に関する秋篠宮殿下の御発言

平成三十年十一月三十日に秋篠宮殿下が御誕生日をお迎へになられて、御感想を御発表になりました。その中で大嘗祭についての御発言が何やら取沙汰されました。私はあの御文章を新聞で拝し、殿下の御心の第一は最初に前置きされた「大嘗祭はやらねばならないこと」といふことにあると受け止めました。その上であまり費用をかけず、内廷費で賄ふ、身の丈

にあつた祭儀でよい、神嘉殿でもよいと仰せられたものと拝しました。重要なことは大嘗祭はやらねばならない大切な儀礼であるとの仰せになつたことが第一であり、これは費用を掛けることによる国民生活への殿下の思召しにあつたやうです。しかしどうしたことか話題は内廷費といつた費用の問題の方になつてしまひました。マスコミはうまく問題をすり代へるものだと思ひます。

殿下は皇嗣としていづれ皇位を践む御方であり、またその次代に皇位を践む悠仁親王の御父君にましますことを思ひ、洵に恐れ多いことと有難く拝承しました。ただ内廷費（を積み立てた）だけで大嘗祭は齋行できません。御代始の大切、且つ鄭重に神を祀る祭儀ゆゑ身の丈とは申せ、あまりにも簡略した質素なものではいけません。宮内庁側も簡素化してもきちんと費用はどの程度で、これが内廷費で賄へるものではないといふことを正しくお伝へしておく必要があつたのです。まして宮中三殿の付属施設である神嘉殿でできるやうなものではありません。平成度の大嘗祭に参列された殿下でありますから、そのやうなことは充分ご承知のはずで、なぜあのやうな御発言をされたのかわかりかねます。

本居宣長は『玉くしげ』に神祭りは盛大にやるべきであり、そこにその地域の潤沢度が表れると述べてゐます。豊かであればあるほど盛大な祭儀にする、経済大国などと言はれる国にはその身の丈にあつた祭儀がなされるべきであります。そこも考へねばなりません。

殿下の御発言が大嘗祭の齋行になにかしら影を落とすのではないかと案じてをりました

が、費用の縮小、建物の簡素化などの案が示されたのは翌十二月になつてからのことでした。

大嘗宮の御屋根

宮内庁の第三回大礼委員会は平成三十年十二月十九日に、大嘗祭の祭儀の概要を発表しました。これによると、その関連建物は平成度の大嘗祭に較べて、幾分か規模を縮小して、なかでも大嘗宮はじめ膳屋などいくつかの建物の建築構造を簡素化して行ふとのことでした。具体的には主要の三つの建物（大嘗宮＝悠紀殿・主基殿・回立殿）の本義とする茅葺きの御屋根を、茅葺き職人の人件費や資材の不足から板葺きにすること、また膳屋二棟、斎庫などの構造を木造から天幕張り（組立式プレハブ）にする、一部の柱を黒木（皮付きの丸太）から角材にするとのことでした。その理由は建築費の削減であり、「儀式の本義に影響のない範囲での工法・材料の見直し」であり「板葺きにすることにより、自然素材を用いて短期間に建設するという大嘗宮の伝統は維持し得るものと考えている」といふものでありました。祭儀の中心施設である大嘗宮の御屋根の変更には驚くべきことで、是非とも考へ直すべき必要があると強く思ひました。

そもそも平成度でも、昭和の時と比較して幾分かの変更がありましたが、それはあまり話題にはなりませんでした。この時既に主要三殿以外の御屋根は板葺きになり、黒木の柱も見えない部分は角材化されたのです。茅葺は簡素ながらも重厚な感覚を持ち、また古代日本人の建築美の表れでもあります。「神代の風儀」といふのはこのやうな茅葺きと黒木柱にあるのです。大嘗宮と同様な伊勢の神宮の御屋根がこのやうな理由で板葺きになつた場合、その神聖さはどうなりませう。戦国乱世の時代も、式年遷宮もままならず、御修繕の費用も欠いて御屋根が朽ちても板葺きにしなかつたのは、そこに鎮座以来の変はらざる伝統があつたからです。大嘗祭は「神代の風儀をうつす」と『代始御抄』にいふ、一世一代の重儀である以上、その古式伝統は守るべきであります。祭儀後に破却するのはこの建物がそこに祀られた皇祖神のための御殿であるがためです。今回の大嘗宮は祭典のあと一部の資材を古儀に則して焼却する以外は公園資材や防災資材として再利用する方針もこの時に示されました。

仮に茅葺きの職人が不足してゐたとしても、また重厚にならずとも簡素にして神々しさを保つ最低の工夫をすべきでありました。逆にこの板葺きへの変更といふ安易な考へには経済を優先にした国が抱へる、根本的に職人などの養成を怠つてきた現実を見る思ひが致します。斎場の縮小や参列員の削減などは止むを得ない点もありますが、神事には事欠くことのないやうにありたいものでした。費用が税金といふならば、この際伊勢の神宮の遷宮奉賛のやうに、大嘗祭に資金面で国民が奉賛できる制度を考へるべきです。各県から大嘗祭に献納される机代物がありますが、これに準じての費用の奉献は叶はないのでせうか。仮に大嘗祭に国民の募財が叶ふなら、それこそ現在の予算を越える多くの金額が寄せられると思ひます。まともな国民の心情は実はそのやうなものでありませう。茅葺きと黒木の柱は是非とも護る必要があつたのです。

大嘗祭を即位儀礼の一環として行ふことは、平成度に憲法との整合性が図られたため、なんら問題はないことになつてゐます。ただそれなら胸を張つて前例を踏襲してやればいいことを、なぜか官僚はどこに遠慮してかその理由は明らかではありませんが、このやうに縮小改変をしました。祭儀や儀式の費用を無駄金であると考へるのはさもしい役人根性であると思ひます。少しでも節約し安くすれば予算は浮きますが品質は落ちます。まして神祭りに出費を惜しむのは神に対して非礼であるとの感覚がないからなのです。祭儀の本義におほいに影響があることを、迎へられる神の立場で考へられないのです。

大嘗宮の御屋根の問題

突然わいてきた大嘗宮の御屋根の改変、板葺化、黒木柱の角材化の問題について、何とかせねばならず、急いで神社界の機関紙である「神社新報」に拙稿を投じました。これは平成三十一年の一月十四日付に掲載されましたので、ここに再掲いたします。実に重要な問題ですから、気がつかない、見過ごしてしまふこともあるので、諸方へ声を大にして訴へていただきたいと思つたからです。

旧蝋十九日、宮内庁に設置された大礼委員会は第三回の会合を開き、大嘗祭の祭儀の場である大嘗宮の御造営や構造などについて公表した。これによると諸事節約といふ考へがあるやうで、斎場の敷設の縮小などがあるが、中でも驚いたことは悠紀主基の大嘗宮の御屋根を従来の茅葺きから板葺きにするとのことである。職人の人件費や資材の問題もあるのであらうが、大嘗祭は「神代の風儀をうつす」と一條兼良が言ひ当てたことを思へば、その最大の重儀がなされる大嘗宮を古儀に反して板葺きにするのは納得できないものである。

貞観の『儀式』や『延喜式』の践祚大嘗祭儀を見ても、その建物は「構ふるに黒木を以てし、葺くに青草(あをかや)を以てせよ」と定められ、往古の天武天皇の立制以来、中断再興の折にも厳守されてきた風儀であり、古制なのである。それは皇祖神に対する　祭儀の場であるからに他ならない。

仮に伊勢の神宮が同様な理由で板葺きになつたとしたら、そこにはかの厳粛とした神聖性が欠け、皇祖神ます尊貴さも醸されないのである。戦国乱世の折にお手許不如意で御遷宮が滞り、御屋根の破損甚だしくとも、修繕こそすれ板葺きに葺き替へることはしなかつたのである。それは神宮の建物はかうであるとの斎場としての自明の理が存したからである。それが伝統を護るといふことなのである。

かやうに考へれば今日の技術からして茅葺きで出来る大嘗宮を、あへて費用の縮小の面から板葺きにすることが、いかに古儀に反し、皇祖神に対する非礼に当ることがわかるであらう。そこには伝統に鑑みる一番大切な心が欠落してゐるのだ。

大嘗祭は一世一代の大祀なのである。これが前例となれば今後も板葺きの大嘗宮が天武天皇の立制に反して造営されてゆくことになるのである。これは重大なことで看過できないことであることになぜ気づかないのであらう。百歩譲つて、重厚な茅葺きでなくともよい、軒端が端正に切り揃へられてなくともよい。人件費がかけられなくとも茅葺きの本義を護ることが祭儀の精神として重要なのである。大礼委員会の諸彦には今現在の視点しかなく、皇室の長い歴史と伝統とを、またそれを再興までもして悲願をこめて護り伝へた先人に対して、申し訳ないといふ忸怩たる思ひを抱かないのであらうか。悲しいことである。

今なぜ、何に対しての譲歩なのか。税金の無駄遣ひとの批判を恐れるのか。政教分離の喧騒を封じたいのか。今日の我国の宿痾はかやうなことに敏感に反応する萎縮した精神構造に他ならない。そこに後退はあっても発展性はない。

本居宣長は『玉くしげ』において、祭事は身の丈に応じて最大のことをすべしと言うてゐる。皇室の国民生活に対して寄せ給う思召しは有難く忝いものであるが、問題はそれとは又違ふのであつて、すり替へてはならない。再度言ふ、大嘗祭は一世一代の大祀なのである。経済大国と言はれる我国は、それ相応の経済力を誇示する即位の大儀を行ふべきであり、行へるのである。これが「身の丈にあつた祭儀」であるといふものである。

また言はう。大嘗祭は一世一代の大祀なのであると。後世にこの大礼委員会が重大な過ちを犯したと非難されるやうなことのなきやう、再考を強く願はずにはゐられないのである。もし大嘗祭へ奉賛の途が開かれたら、多くの国民から多額の奉賛がなされるであらう。これが御代初めの重要な祭祀であることを思へば、多くの国民は費用の縮小による悪しき前例となる古儀の変容よりも、正しい姿での斎行を願つてゐるはずである。

ぜひ声を大にして再考を促したい。


わが國は神のすゑなり神祭る昔の手ぶり忘るなよゆめ　（明治天皇御製　神祇）

大嘗宮と茅葺き

大嘗祭の斎場である大嘗宮の御屋根の葺き方や建物の簡略化、黒木柱の角材化について、殊に従来の茅葺きを止めて、板葺きにするとの案が出た歳末以来、古儀を尊重すべきであるとの様々な反対意見が出され、私もこのことに就いては旧例に従ひ茅葺きを重視すべきであると、折あるたびに訴へてきました。しかし、残念ながら宮内庁や政府は一度決めた考へを翻すこともなく、全く顧る姿勢を持ちませんでした。そしてこれらの真摯な声に耳を貸すこともなく、板葺きの発注をしたのです。洵に残念なことであり、大きな違例を犯したことになります。この愚かしさは実は神明に対し恥づかしいことなのですが、これが破廉恥であるとの認識がないやうです。国体意識のない国家公務員、政治家などばかりで、正しい認識を持つた為政者が、いま令和に至つてまさに地を払つた観が致します。票さへ集まればどのやうな人物でも国会議員になれる時代となりました。無念の一言につきますが、このやうな状況である以上これを次回への大きな反省として「再興の悲願」として継承してゆかねばなりません。

嘗て即位儀礼や大嘗祭、また伊勢の神宮の御遷宮が滞つた戦国乱世の時代に、後奈良天皇が神宮に御納めになつた宣命の願文があります。御遷宮の停滞を詫びられ、皇位を践んだものの大嘗祭が斎行されず「自ら神供を奉ることができない」と深くお詫びになられ、またその理由を「敢て怠れるにあらず、國の力の衰微を思ふ故なり」と仰せになつてをります。今回板葺きの大嘗宮となつてしまつたことをはじめその簡略化について、天皇陛下はここにお迎へになる皇祖神にお告げになつたと存じます。皇祖神に板葺きになつた理由を申し上げねばならないのです。まさにこれは畏れ多いことですが「國の力の衰微を思ふ故なり」との後奈良天皇の御軫念と重なる思ひがいたします。陛下の御告文のことを考へた時に、幾度も幾度も板葺きでいいのか、これでいいのかとの思ひが去来します。政府はそのやうなことまで考へない、形として大嘗祭が斎行されればいいと考へてゐるとしか思へません。まさに無神論者であります。本義に影響しないと言ふのですが、ではその本義が何かを考へたことがあるのでせうか聞いてみたいものです。ここには宮中祭祀の簡略化とつながる考え方が見え隠れしてゐます。

一世一度の皇祖神の大祀にあたり、表面的には経済的な繁栄の国と言ひながら、精神的に大きな病巣を抱へてゐる我が国の現状をこの御屋根一つ、角材の柱一本に深く思ふのです。多分、陛下の御軫念や大御心もここにあるのではないでせうか。

節約できるものはすべきであります、常に国民の暮らしを御考へいただいてゐる皇室であり、その伝統は有難いものです。しかし、それができないものは神まつりの手振なのです。「神は非礼を享けたまはず」と言ひます。徳川時代中期に霊元上皇の深い御思召しによって東山天皇の大嘗祭は再興されましたが、少ない予算を切り詰めての再興にあたり、それでも茅葺きの御屋根は譲りませんでしたが、他の部分は簡略せざるをえませんでした。それを上皇の御兄の尭恕法親王は「神は非礼を享けたまはず」と強く批判されたと申します。祀られる皇祖神、御祀りされる陛下のお気持ちを拝察すれば、洵に恐れ多いことだとの実感がするのであります。

なぜ屋根に茅を葺くのか、なぜ皮付きの黒木の柱を使ふのか、実はここに大嘗祭の本義にも関る重要な点があるのです。我々の遠いご先祖は「茅・萱」といふ植物の成長の姿にある種の霊的なものを見たのです。今も神社で行はれる「夏越の大祓」の茅の輪も同じことで、この霊力のある輪をくぐることで災厄を祓ふのです。殊に『延喜式』などの古い儀式書には、若い「青萱」を使へとあつて、そこには瑞々しい力が籠るものと考へたのです。我が国の神話にはその開闢のはじめが、すつと伸びた葦の芽であつたとあります。その生命力あふれる茅を葺いた建物には新時代の生命力が溢れる、素晴らしい霊力が充満するものであると考へたのです。そこに皇祖神をお招きして、即位したばかりの天皇が一世に一度の神祭りをし、皇祖神と一体になることに大きな意義があつたのです。黒木の柱も、人が手を加へない自然のままの姿に、自然の威力や清らかさを認めたのです。ありのままの姿が一番美しいのであつてこの美的な感覚を大嘗宮は残してゐるのです。何度も述べますが、これが「神代の風儀」なのです。平成度に外から見えない部分の柱を黒木から角材にしましたが、これは人には（外から）見えない部分なのでせうが、神はすべてをお見通しであることまで考へが及ばなかつたのでせう。

國學院大學の博物館において「大嘗祭」の特別展が令和元年十二月十五日までをやつてをりました。これは好評のため延長をしてまでの開催でした。そこに「大嘗宮萱萩」といふものが展示されてゐて、図録にも載つてゐました。徳川時代のどの天皇様かはわかりませんが、大嘗宮の御屋根に使用した萱一本と萩の枝（これは何に使つた料かわかりませんが、大嘗宮の舗設の一部でせう）をお守りのやうに大切に保存しておいたものです。包紙に「あふげ彼天照神の御社の軒ばふきたる萱と萩が枝」といふ歌が書かれてをります。ここからも青茅で葺いた御殿に籠る神威や霊力を尊んだ感覚といふものが伺はれます。

安倍政権は外交や経済的な面では評価されてゐるやうですが、一番大事な神祭りや皇室のことについては全く冷淡であり、いはば非礼の数々を犯してきたのであります。口先では保守を喧伝しても、その実は無知無学そのものでした。皇室を体を張つても守らうとする議員は皆無のやうで、逆に皇室が却つて厄介な存在となつてゐるやうです。そしてこの大嘗宮の変更のことは令和の「今」だけではなく、これから後の子孫をはじめ後世に大きな瑕疵を残したことになります。取り返しのつかないことをしでかしたのです。今回のことは本当に残念なことで、何度も述べますが次への「悲願」として継承していかねばなりません。政治家の意識改革はもちろんですが、その言ひ訳とならぬやうに萱草の確保と、茅葺きの技術の伝承も大切なことになるのです。

改元の手順については国会議員にもそれなりの動きをした人物がゐましたが、この茅葺き・角材といふ重大な問題はあまり重視されませんでした。丁度参議院選挙と重なつたため、観て見ぬふりをしたのです。政権も無知、国会議員もこのやうなことに関しては蒙昧無能、神祭りや皇室のことを謙虚に学ぶこともなく、あらためて現代の政治家が現憲法下の安逸の世界で己の票のことしか考へない連中であるとのことを知り、横田滋氏の嘆きを思ふのです。後世彼らが如何に無能な人物であつたか指弾される時代が来るに違ひありません。皇位継承問題でもさうであります。時の政治家は何をしてゐたのかと。それゆゑにここにこのことは憂憤として書き留めておかねばならないのです。

大嘗祭の終了後に拝観に参りましたが、その問題の御屋根を拝しました。板葺きの御屋根といふので一枚の板を打ち付けた簡素なものを想像してをりましたが、やや小型の板を何枚も葺いたやうな手の込んだものであると遠目に見えました。それならばやはり茅葺きができたのではないかと思はれます。平成度の黒木の荘厳な様子を知る私には角材が目立つ斎場はまた異様な雰囲気を醸してゐました。政府は一度決めてしまふとなかなか撤回できないやうですが、一度決めてしまふと再考をしない怠惰は許されるものではありません。そしてまた何もできなかつた自分の非力を深く深く反省するのであります。ただこのままで行けば次の大嘗祭では全てが角材化され、また更なる変更がなされる可能性が出てきます。それでよいのかどうなのか、世はますます精神的な昏迷にありますが、新御代の隆盛と国民意識の恢復を願はざるを得ません。「悲願」として哀しいまでに認識してください。なほこの萱葺きの問題については、勝岡寛次「大嘗祭『萱葺』『黒木』廃止問題に関する歴史的考察」（『日本國史學』十五号、令和二年四月刊）に詳しく書かれてゐます。

大嘗祭とは何か

大嘗祭についてはテレヴィでも実況が中継され、その様子が放映されましたが、天皇が即位された秋の最初の新嘗祭のことで、新たに悠紀・主基の二つの大嘗宮が建立され、日本を東西に分けた国（現在では都道府県）の中から代表の悠紀・主基の二つの齋国が卜定され、そこから献納された初穂をもつて皇祖神を天皇が御自身で祀られ皇祖の神霊を玉体に受けられる、重要な祭儀なのです。古くは即位儀礼は春先に、大嘗祭は秋に行ふ定めでありましたが、明治の「登極令」に京都において両儀が続いて行はれるやうに明記され、それによつて、即位の礼も十一月となりました。今回は両儀が続いて行はれると皇族方が大変ご多忙であるとのことから、即位式を十月とし、大嘗祭までの間を余裕を持たせたと説明してをります。しかし実はこの蔭には国家の行事と皇室の行事との峻別を意識させようとの意思が反映されてゐるやうで、日程からも政教分離がなされたのでした。ただ大嘗祭の日程を、先述した通り、古儀に則り十一月の卯の日に定められたことは有難いことでありました。大嘗祭は天皇即位後に行はれる一世一度の大祀とされてゐます。その祭儀の凡そは古記録に残されてゐるので、伺ひ知ることができますが、天皇の細かな御所作については四方拝、新嘗祭同様に御口伝とのことで、我らが伺ひ知ることはできません。それでもなほ書かれたものがありますので、その内容については後述します。

大嘗祭は天武天皇の立制ののち千三百年余の歴史がありますが、もちろん即位儀礼の制度となる以前にも同様な祭儀があつてのことで、悠久の太古から連綿と営まれてきた歴史があります。その祭儀の殿舎の設営や器物については時代によるやむを得ない変遷など様々のことがありますが、祭祀の精神や御手振りは、今日まで往古のままであると承つてをります。

近時においても、応仁の大乱によつて中絶して以来の歴代の天皇の御悲願を、徳川時代の中頃の霊元上皇の強い思召しによつて東山天皇の貞享度の御再興がありました。ついで一代おいてまた後桜町天皇の御継承以来、令和のこの度に至るまで続いてをります。幕末にかけての復古の機運が熟し、維新といふ大きな時代の変遷となり、また再興後もさらに古儀に則するやうにとの研究もありましたが、全てにおける精神は往古の祭祀を更なるものにして厳修するといふところに凝縮されるでありませう。

『延喜式』を初めとする古記録を見ますと、大嘗宮の造営は祭儀に先立つ数日前からなされ、祭儀後はすぐに壊却するとあり、なべて簡素ながら重厚な建造物であつたらうと考へられます。中でも昭和度の大嘗祭は、この翌昭和四年の神宮の式年遷宮同様に、古儀に則した考証に依拠しつつも、当時の最高の技術水準を用ゐてなされたもので、この時がある面での完成度の高い頂点であつたと思はれます。それを受け継いだ平成度の大嘗宮もやや縮小しいくつかの殿舎の屋根を板葺に改めたとは申せ、拝観に参じました時に、簡素質朴ながらも尊貴な思ひを致しました。黒木の松の鳥居に敷砂清く、茅葺の大嘗宮は御屋根に堅魚木を配し千木高く聳え、歴木（くぬぎ）の黒木柱に、椎の枝を一列に刺した菅菰を壁代とし、それがまた大内山の緑に映え、また陽に燦然と輝く御姿を拝し、これこそが一世一度の重儀、また太古の最高の祭儀の場そのままであると確信したのであります。これは平成度の折の深い感慨でありました。

悠久の歴史を紡ぐとはこのやうなことをいふのであつて、科学技術がいかに進歩した時代であつても、この手振りを改めないことに実に深い意義が感じられるのであります。令和度においては古儀の遵守や先人の考証の努力を無視し、また心ある国民の憂慮を振切つて、経済的なものばかりを優先し、愚かな浅はかな思考により御屋根を板葺きにし、またいくつかの簡略化を犯してしまひました。拝観に参じた時は深い悲しみに打ちひしがれたのであります。我々の努力の不足によるものですが、この悪しき新儀は前例とはせずに、爾後は茅葺きに戻す努力を悲願として伝へていかねばなりません。今回の即位の礼で「宸儀初見」が旧儀に戻りました。かやうに旧例に遵ふことを考へるなら、大嘗宮の御屋根を板葺に改めることの愚が思ひつかないのでありませうか。

政府の公式な見解

大嘗祭について、政府の公式な見解は平成度の折の、平成元年十二月二十一日の閣議了解「即位の礼・大嘗祭について」であります。今回もこれを踏襲しました。そこには「天皇が即位の後、初めて、大嘗宮において、新穀を皇祖及び天神地祇にお供えになって、みずからお召し上がりになり、皇祖及天神地祇に対し、安寧と五穀豊穣などを感謝されるとともに、国家・国民のために安寧と五穀豊穣などを祈念される儀式である」とされてゐます。ここに祭神を「皇祖及天神地祇」と明らかにしてをります。これによりますと当日の御祭神は皇祖（天照大御神）で、その他の多くの神々もその対象とされてゐます。この御祭神についても、古くは『神祇令』に「天神地祇」とあつて、それを河野省三先生は本来天照大御神のみであつたものが時代の変遷のなかで「天神地祇」が意識されて加はり、そして記録されたものであるとして、この『神祇令』の記述を排して、天照大御神を祀る、天照大御神に併せ天神地祇をともに祀る、しかも悠紀主基両殿に同じ神を祀る、また、悠紀主基両殿の御屋根の千木の削ぎ方が神宮の内宮外宮と同じやうに、内削ぎ、外削ぎと相違してゐる点から違ふ神を祀るといつた四種の考へを提示されました。それとは別に真弓常忠先生は外宮と同じく食物を司る御饌津神を祀るなどともされましたが、祭神は皇祖天照大御神一柱であると考へた方が明解であります。

明治以降の祭儀についての詳細な政府の記録は、大正度の『大礼記録』、昭和度の『昭和大礼要録』などに纏められて出版されてゐますが、どちらも大部なもので、後者を簡潔にした『昭和の大典』（神道文化会刊）がわかりやすいものです。また徳川時代の後桜町天皇の折の元文度の大嘗祭について、荷田在満が纏めた『大嘗會儀式具釈』なども御再興後のことが細かに書かれてゐます。この本はあまりにも詳細のため支障あるものとされ、当時は禁書の扱ひとなり、抄出した『大嘗會便蒙』が今日多く流布してをります。また伊能穎則の『大嘗祭儀通覧』なども簡潔に書かれてゐます。今日、書店に行けば大嘗祭関係の書物が多くあることに気づき、国民の関心がそこにあることがわかります。

大嘗祭の「真床追衾」説はない

世に大嘗祭論といふと「真床追衾説」、「聖婚説」などが連想されるやうですので、あらためてこのことに触れたいと思ひます。「真床追衾」とは『日本書紀』の天孫降臨の段に、高皇産霊尊が瓊瓊杵尊を真床追衾で覆ひ瑞穂の国に天降りせられたとあり、同じことを伝へる二つの「一書」にも真床覆衾に包んで降臨されたとあります。「真床覆衾」と用字が本文と一書とでは違ひますが、同じものを言つてゐます。ただこれが何なのか、どのやうなものかは定かではありません。真床覆衾は『日本書紀』のこの後の彦火々出見尊（海幸山幸の段）の、一書にあと二箇所ありまして、これは海中での出来事として使はれてゐます。ともかく虚空であれ海中であれ身を包むもののやうなものであることはその記載からわかります。

後述しますが、悠紀主基の大嘗宮の中に八重畳が敷かれ、そこに衾が掛けられた神座が設けられます。國學院大學の教授であつた折口信夫先生は、昭和の大嘗祭にあたり、大嘗宮の両殿に敷設されるこの神座（八重畳の寝床）に注目したのです。折口先生は大正末ころから、「来訪神＝まれびと」といふ発想から民俗学的な手法を以つて国文学や神道学を理解することを考へました。折しも昭和三年の即位の礼に際して、この神座を「まれびとの座」と捉へ、『日本書紀』の天孫降臨神話の、「真床追衾」と同じものと直感し、神座＝真床追衾であり、これに新帝が包まることによつて天孫瓊瓊杵尊の再来、大嘗祭は天孫降臨の再現、また天皇霊の付着継承であると考へたのです。これが世にいふ「真床追衾説」で、その時に書かれたのが「大嘗祭の本義」といふ論文でした。この感覚の鋭さは興味深いものですが、実際にその神座がどのやうに使はれたかの文献学的な考証が何もなされないまま、あまりにも斬新な発想であつたためか、多くの人に注目され広く享受されてしまつたのです。

大嘗宮の中に設けられる八重畳はあくまでも神座と称してをり、これを真床追衾と称したことはありません。これはあくまでも「折口用語」であつたのです。様々な書物を読んでゐた折口先生ですから、歴代の天皇がこの神座に包まることなどないと知つてゐた上での大胆な発言だつたのでせう、想像といふか直感であつたのです。

折口先生はこのころ大嘗祭についての歌を詠んでをります。歌集『春のことぶれ』に「大嘗會近く」と題して収められてゐるもので「霜月の日よりなごみの／空ひろし。／天つ日高は、齋籠ふらし」「大嘗會／近づきにけり。／ことごとに足らふに似たる／心さびしも」の二首で、殊に前の歌は「天つ日高（天皇）は、（真床追衾に）齋籠ふらし」と、これの発想のもとに歌を詠んでゐます。聞く側も「新帝の即位は天孫降臨の再現である」として何ら疑問もなく受け入れられ、今日に至るまでまだ根強く真しやかに語られてきました。そしてこれを土台として様々な大嘗祭論が現れ、この祭儀が実に奇妙なおどろおどろしいものであるといふところまでに発展します。

折口先生の「大嘗祭の本義」では、「天子即神論」の考へが読み取れます。天皇は真床追衾によつて神性を身につけ、神となると考へてゐたのです。しかし戦後、どうしたことか「天子非即神論」を書き、ある種の神学上の転向をしました。その時に本来なら天子即神論に立つ「真床追衾説」は不成立になるはずでしたが、不思議とさうならず、都合いいことだけが罷り通つていつたのです。その後、しかも先生の歿後にこの説が何の考証もない上に一人歩きして、別人により多くの説に分岐してゆきました。そして殿内に奉仕する采女と同衾するのだといふ、奇妙な「聖婚説」にまで発展しました。これを平成度に岡田荘司先生や当時掌典であつた鎌田純一先生が、史料を細かに読んで、天皇はこの神座に包まるどころか、一切手を触れず、逆になるべく近づかない恭謹な御所作をされてゐることを証明されました。神座（寝床）は神の憑依する場であるのです。これにより神座に包まるといふ折口説は崩れ、拠り所がなくなつた諸説も成立しがたくなつたのですが、依然なほ大嘗祭といふとこのことが語られてゐます。大嘗祭は神座は設けられるものの、神宮を遥拝しての祭儀と思つた方がよいと考へます。宮中祭祀の古く歴史のある祭儀は神宮を遥拝する形の祭儀なのであります。

それではその神座である八重畳は何なのかといふことになります。寝具に違ひはありませんが、あくまでも神のお休みになる場であると考へられます。大嘗祭のやうな古い祭儀にはその本来の謂はれや故実がもはや伝へられずに忘れ去られてゐるものもあります。神座であつても、その神座に向いては一切祭儀をしてゐません。この神座は神が降臨し、休む場所であると言へます。坂枕といふ三角の形の枕が神の降臨の場といふ説もあります。古い由緒のある神社で、本殿の中にこれと同じやうな八重畳を敷いて衾や枕を用意したものを神座としてゐるところもあると聞きます。遠来の人を迎へるには饗応とともに一夜の宿も提供することと思ひます。これと同じ発想から、遠来の神の饗応には寝具も必要だつたのです。能登で行はれてゐる「あへのこと」神事は遠来の神（祖霊）を饗応するとともにお風呂まで用意してゐます。「あへ」とは「饗」で饗応することを意味し、「こと」とは広く神事をさします。

実はあまり誰も指摘しませんが、『儀式』をはじめ古い時代の儀式書を読めば悠紀殿の東南、主基殿の西南に小屋が設けられてゐます。これを御厠と称してをります。これは徳川時代の再興の折には再建されずに今に至りますが、神聖にして清浄を期する両大嘗宮に接して建てられてゐますから、これは奉仕者用の厠ではなく神の御厠であつたのです。その証に、大嘗宮の、神事が行はれる奥の間の壁は伊勢産の斑薦（まだらむしろ）を貼ることになつてをります。一番重要な部屋の壁は御祭神と縁の深い土地の産物で装飾されるのです。そしてこの厠の壁も同じく伊勢産の斑薦を貼ることになつてをりますし、掃部寮式を見ますと厠の中に八重畳を敷くとあります。ここにこれを敷くのは、この御厠が御祭神専用のものであつた証しです。かやうに大嘗宮には寝具の設へもあれば、やや離れた場所に神の御厠も用意してゐたのです。このやうに実に丁寧に神を人同様に迎へ饗応する準備をしてある上での祭儀であることがわかります。ただ注意すべき事は、政府が言ふやうに神を祭るだけでなく、神人共食と言つて神と天皇とが同じものを共食し、神霊をいただくことにあります。すなはち、天皇は大嘗祭を通して天照大神と一体になられるのです。

ちなみに折口先生の言ふ「天皇霊」といふ語も検討が必要なものの、その実態が不明なまま今に至つてをります。この語は『日本書紀』の敏達天皇の条に、蝦夷の言葉として一箇所出てくるだけの語で、服従をしないと日本の神々や天皇霊が祟るといつた表現であります。実際に歴代天皇の御霊をそのやうに称してゐたかは定かではありません。折口先生は偉大で、その学恩を受けた自分は有難く思ふ一方で、この神座に包まるといふ大嘗祭論だけは受け入れられませんし、もはやこれは学術上成立しないものであることを書いておきます。ただ、大嘗祭を通してそれは瓊瓊杵尊の天降りの再現であり、天照大御神＝天子と考へる即神論は要を得てゐると考へます。

大嘗祭の祭儀とは

大嘗祭の祭儀は重層的で時間の経過とともに並行していくつかの行事が行はれますが、主に天皇の御所作をお伺ひしてみます。このことは荷田在満の『大嘗會便蒙』には恐れ多いこととして、その記述を避けてゐますが、いくつかの古記録には記載されてをり、その様子を伺ひ知ることで、いかにこの祭儀が古い形を残した重要なものであるかを理解することができると思ひますので、長くなりますがここに概略を申し上げます。また宮内庁は令和のこの儀の詳細を同庁のホウムペイヂ（第八回大礼委員会の議事、資料）に発表し、現行の祭祀についても細かに書かれてありますので、興味のある方は御覧になられるとよいかと存じます。いかに天皇がこの祭儀を重んじていらつしゃるか、またこの祭儀の意味するものが見えてくるのではないかと思ひます。

午後五時半（古くは戌刻＝午後八時）、陛下は両殿の北に設けられた廻立殿に入御され、ここにて小忌（をみ）の湯に入り御潔斎をされて、純白の生絹（すずし）の御祭服を召されます。これは斎服の中で最高のもので大嘗祭と新嘗祭にのみ召され、古様の仕立てになつてゐます。また冠は御幘（おんさくの）冠（かんむり）といひ、これも大嘗祭と新嘗祭にのみ用ゐられるものです。午後六時半に陛下は松明が照らす中を廻立殿から悠紀殿に剣璽を先に出御されます。頭上には菅笠を侍従が吊るし、白絹が敷かれた上に菰を敷いた筵道を徒跣にてお進みになります。古来天皇は地面に降りることはないとされ、この筵道も陛下が歩かれる所にのみ展き、後ろは巻いてゆきます。悠紀殿に入御ののち皇祖神にお供へになる神饌が行列をなして運ばれてきます。これを神饌行立（ぎやうりふ）と申し上げ、この時に「ヲーシー」の警蹕がかかります。警蹕は神や天皇の出御の折になされるものですが、大嘗祭では神饌に警蹕がかかります。いかにこの祭儀の中で神饌が重要視されてゐるかがわかります。大嘗宮で音が外に聞こえるのはこの時のみであとは静寂の儀礼となります。その行列の次第は、『延喜式』の「践祚大嘗祭式」に細かに書かれてゐます。今日では宮中において神事を掌る部署を掌典職と申しますが、殿内には掌典長と掌典、采女の女性が二人参入します。掌典長は外陣の簀子に候します。別掲の図によれば関白の座とあるあたりです。またその役職を掌典職及び臨時の出仕が奉仕しますので古い記録とはその所役の名称が違ふ点があります。ここでは時代によつて違ふ名称の詳細は避け、私的に「介添」といふ名に統一しておきますのでご注意ください。

運ばれる品目は蝦鰭盥槽(えびのはたふね)　多志良加(たしらか)　刷筥(つくろひばこ)　巾筥(たなごひばこ)　神食薦(かみのすごも)　御食薦(みすごも)　御枚手筥(おんひらてばこ)　御箸筥(おんはしばこ)
御飯筥(おんいひばこ)　御鮮物筥(おんなまものばこ)　御干物筥(おんからものばこ)　御菓子筥(おんこのみばこ)　次に鰒汁漬(あはびのしるづけ)、海藻汁漬(めのしるづけ)　鰒羹杯(あはびのあつもののつき)　海藻羹杯(めのあつもののつき)
羹堝案(あつもののなべのあん)　黒酒(くろき)と白酒(しろき)の酒案(みきのあん)です。

これらの祭器具と神饌は悠紀殿の南表の入口の案の上に置かれます。十一月の寒夜に松明が弾ける音のみする静寂な二時間に及ぶ儀式は、外陣に参列する者にとつては退屈のやうで、平成度に参列した人からは解説がほしかつたとの不満の声が出たとも言ひます。

悠紀殿と主基殿は構造や設へは同じで、南から北へ長方形の建物で内部が二間に分かれてゐて、その北側の一番奥が神座のある間になります。入り口は南に一カ所、縁が設けられ、窓はありません。床は藁を束ねたものを敷き詰め、その上に竹の簀子を敷き、近江表の蓆を敷き詰めたもので、壁面や天井も蓆張りの造りとなつてをります。奥の間の中央には長方形の畳表を八枚敷いた八重畳を南北に敷き、その上に白絹の衾(御単)を掛けた神座があります。

その八重畳の南に坂枕を置き、北には短畳を敷いて沓を北向けに置き、その両側には荒妙・白妙といつて紙垂がついた榊の枝が沢山さされた丸壺が案に乗せられてあります。この八重畳が神座となります。大嘗祭では神をお迎へする降霊の儀はありません。そのための神職が営む神社外の祭り（例へば地鎮祭）のやうに神籬も立てません。もつとも宮中祭祀には神を招く、送るといつた所作はなく、儀礼の場の設へが済んだ時に神は降臨したものと考へてをります。室内の照明は行灯が三つのみであつて、かなり暗く、暖房機具などもない状態です。この八重畳の東側に東南（東京で行はれた明治度、平成、令和度は西南向けと承ります）に向けて陛下の御座の単帖が敷いてあります。その前にもう一つ、陛下の単帖に向き合ふ形で単帖が敷かれてあります。単帖は短畳とも書き、これは神座にます神が陛下の御前に向き合ふ形でおいでになる場と考へられてゐます。京都で行はれてゐた徳川時代、また大正昭和度にはこれを東南に向けてゐたのは、陛下が御自分の御座の単帖に御着きになると、伊勢の神宮の方角に御向きになつてゐることになるのです。東京で行はれた明治度、また平成度にはこの御座の位置が神宮に向けて西南になつたと承ります。今回もそのやうに設へられました。陛下はこの神座のある内陣の室に南西の入口からお入りになり神座の西→北→東（東京で行ふ場合は東→北→西）とぐるりと御回りになつて御座の単帖に着かれます。この時の陛下はご自分の御装束が神座に触れないやうに細心のご注意をなさると承ります。このことから申しても折口説のこの神座の衾に包まることなどはあり得ませんし、それ以上のことなどは妄説にすぎません。

掲出した大嘗宮の内部図は荷田在満の『大嘗会便蒙』に書かれた徳川時代の元文の再興以来のもので、諸書に引かれてゐますが、明治維新以後は宮主(みやじ)や関白の座はありません。

陛下が御座の単帖に着かれると、まず御手水をなさいます。介添役が海老鰭槽、刷筥（御(おん)楊子筥(やうじばこ)）、御手巾筥を陛下の御座の前に据ゑます。陛下は御笏を右の御膝の下に置かれ、海老鰭槽の上に手を出されます。そこで介添が多志良加から御手に水を注ぐこと三度、陛下は御手を洗はれますが御口は漱がれません。御楊子筥はご覧になるだけで実際にはお使ひになりません。次に御手巾筥から手巾を執り陛下にすすめ、陛下は御手をお拭きなさいます。御手水はこれで終はりでこの道具は片付けられます。

御手水を終へられると陛下は御祈請の御詞を奏上されました。その詞は『後鳥羽天皇宸記』に見えます。漢文で書かれてゐますので、書き下し文にすると次のやうなものです。

> 伊勢の五十鈴の川のほとりにおはします天照大神天神地祇の諸(もろもろ)の神たちに申して白さく。われ皇神の広き護りによりて、国の中平かに年穀豊かにして、高き卑しきを覆ひ、諸の民を救はむ、よりてことし新に得たるところのにひものを奉る。また身の上犯すべき禍ひをはらひ除きてさがなくあしき事侵し来たる事なからむ。また高き山、深き谷所々の名を記してまじなひまつらむ物、皆ことごとくに消し亡ぼさんこと、天神地祇の厚き護りを蒙りて致すべきものなり。

大嘗宮図（徳川時代の元文再興以来の舗設で現行のものと違ふ）

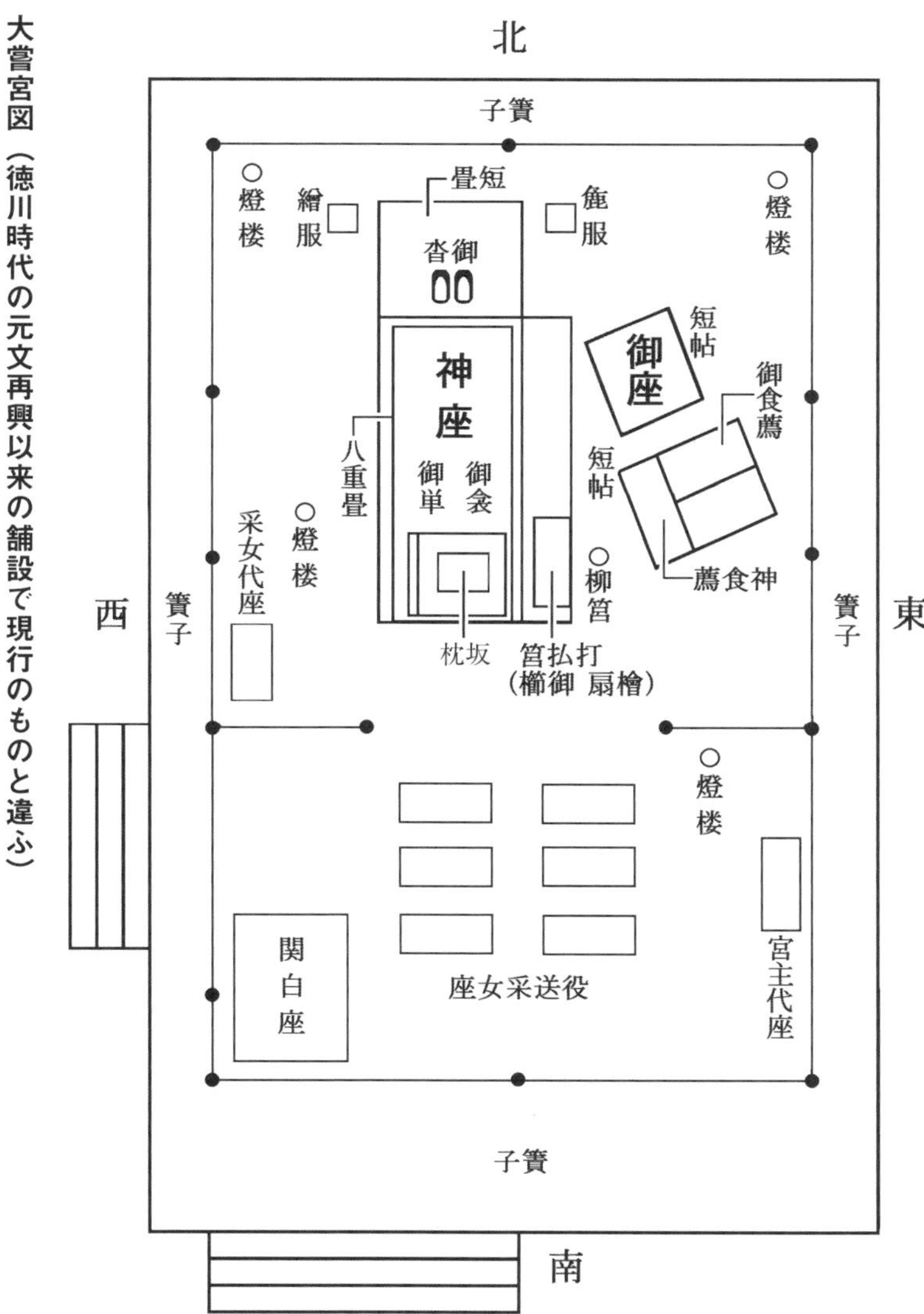

同様のものが応仁の乱前の『文正元年大嘗會神前次第』にも記載されてゐますので、内容にはあまり変化はないやうです。陛下の祈りはまさに国民の安寧と五穀の豊穣にあつたのです。現在ではこれをお告げ文と申し上げ、御神饌の親供の後、直会の前に奏上されてゐるやうです。先にも記しましたが、殿内の照明は灯楼三基のみですからかなり薄暗いものと察します。よつてお告げ文をお読みになる時は諳唱なさつておいでとも漏れ承ります。宮内庁は古い時代のお告げ文については公表してをりますが、明治以降についてはこれと同様のものであるとして、公表をしてをりません。今回のお告げ文には御屋根が板葺きに変更されたお詫びがあつたのではないかと、私は考へてをります。

次に神饌を皇祖神に盛る「神食薦（かみのすごも）」と、その一時的な置き場の「御食薦（みすごも）」を敷きます。介添は神食薦を執り、神座の短畳の西の端に南北に敷きます。神食薦は菰を編んだものに丸めて縛る平紐が二本ついてゐます。次に菰を編んだ御食薦を短畳の北の端、陛下の御座の前に東西に敷きます。次に介添役は運ばれてくる御箸筥以下の神饌を御食薦の上に順に据ゑます。それは、平手筥・御飯筥・生物筥・干物筥・果物筥・海藻汁漬・蚫汁漬です。すべてが置かれたら介添はそれぞれの筥が縛られてゐる木綿を解き、筥の蓋を開きます。この順序はまづ蚫の汁漬、海藻の汁漬・果子・干物・生物・御飯・平手・御箸の順で、筥の蓋は、御食薦の東南の角に重ねて置きます。次に御箸をそれぞれの筥に置きます。御箸は二本のものではなく、一本を矯めて二つに曲げた形のものです。介添は右手で御箸六具を取り、これを左手に移し、一具は右手でもとの筥に納め、残る五具の御箸を、一膳ずつ御飯・生物・干物・果物の筥の上と、海藻汁漬の高坏のもとに置きます。これで陛下の御供進の準備ができました。

ここで陛下は最初にまづ御飯の御供進をなさいます。介添は平手筥から平手一枚を取り、両手で陛下に奉ります。平手とは柏の葉を何枚も重ねて縫ひつけた丸い皿で、古代の食器です。陛下は御笏を右の御膝の傍に置き、奉る平手を左の御手に取り、右の御手で御飯筥の上の御箸で、一枚の平手に米の御飯三箸、粟の御飯三箸を盛り、左の御手で、介添に授けなさいます。介添はこれを両手でいただき、神食薦の南の端左側に置きます。一般の神社の祭式では神饌を三方や高杯に盛り、案といつてそれを供へる台に載せますが、大嘗祭には柏の葉を重ねて固めて編んだ平手（葉盤）といふ食器に盛り、床に敷いた神食薦の上にお供へします。そしてこれと同様のことを陛下は十回なさり、介添は神食薦の東と西に五平手ずつ二行に据ゑるのです。その後陛下は御箸を御飯の筥の上にお返しになります。米だけではなく粟もお供へになるところに大嘗祭の深い意味があります。

次に御菜の物（生物・干物・汁漬）の御供進になります。介添は平手一枚を陛下に奉り、陛下はこれを左の御手に取られ、右の御手で、生物の筥の上の御箸を取り、四種の生物（鯛、蚫、雑魚腊（きたひ）・醤鮒）を各々三切ずつ平手に盛り、生物の御箸を生物の筥に返し、次に干物の筥の上の御箸を取り、四種の干物（蒸鮑・干鯛・堅魚・干鯵）を、それぞれ三切ずつ同じ平手に盛つて、左の御手で介添に授け、干物の御箸を、干物の筥にお返しされます。この時陛下にはその品目を一つ一つ皇祖神に御説明しながらお盛りになるとのことです。介添はこれを左の手でいただき、右の手で、海藻の汁漬の坏のもとにある御箸を取り、海藻の汁漬三切と蚫の汁漬三切を、生物と干物の上に盛り合はせ、汁漬の御箸をもとの所に返し、御飯の第一の平手の上に、御菜（生物・干物・汁漬）の第一の平手を重ねます。その重ねやうは、第一の御飯の上に、御菜の第一の平手を、第二の御飯の上に、御菜の第二の平手を重ねるやうにして、これを十皿分してゆきます。

次に果物の御供進になります。今まで同様に介添は、平手一枚を陛下に奉り、陛下はこれを左の御手に取られ、右の御手で、果物の筥の上の御箸を取り、四種類（干棗(ほしなつめ)・搗栗(かちぐり)・生栗・干柿）の果物をそれぞれ三切ずつ平手に盛り介添にお授けなさいます。陛下はこれを十二回なさいます。介添はこれをいただき、第一の御菜の平手の上に果子の第一の平手を重ねますが、今までは十皿でしたが、果物は十二皿ありますので、六皿目を左右二列の中央に置き、七皿めを六皿の上に重ね、十二皿目を中央にある果物の六皿めの上に置きます。ここで三十二皿（平手）のお供へが揃つた形になります。この十皿を五皿ずつ二行に置き、一つに三皿重ね、中央に二皿を重ねる形を「二行」と言ひ、幼帝の折など摂政が付き添ふ時には「五出」といつて家紋の「梅鉢」のやうに中央に二皿、その周囲の五カ所に六皿重ねる場合があります。

次に御酒の御供進となります。介添は平手の筥より柏の葉を四枚束ねた本柏(もとかしは)といふ食器を四束取り出し、後取(しんどり)から白酒の入つた平居瓶(ひらゐかめ)を執り、右手に平居瓶を、左手に本柏束を持ち、御酒を本柏に盛り、陛下に奉ります。陛下は本柏を取つて、神食薦の上に重ねて並べられているる三十二枚の平手に盛つた神饌の上に振り灑がれ、神食薦の北東の角に本柏をお置きなさいます。これを白酒で二度、次に黒酒で二度、合計四度されます。そのたびごとに平居瓶と本柏とをお取り替へします。普通の祭儀では瓶子に入れたお酒を思ひうかべますが、大嘗祭では振り灑いで差し上げるのです。伏見天皇の御製に「もと柏神のすごもにふりそそぎ白酒黒酒の御酒たてまつる」といふ御製がありますが、これはこの時の御様子を詠まれたものでありませう。

　御神酒の次に御粥の御供進となります。殿の外の土堝にある米の御粥が土器に盛られ、高坏に据ゑた形で運ばれてきます。介添はこれを神食薦の南の端、東の方に置きます。そして米の御粥二杯を東に二列、粟の御粥二杯を西に二列に置きます。ここにも米と粟があることに注目してください。

　これで全てのお供へが終はり、現在ではここでお告げ文があると承ります。次に同じ場所で、陛下も御神饌と御酒とを聞こし食される直会があります。まづ介添が、御飯の御箸より始めて、汁漬の御箸に至るまでもとの如く御箸筥に納め、あらためて御箸筥より天皇の御料の御箸一具を取り出します。そして御飯筥の中の、柏の葉で四角の枡型に折つた窪手といふ食器の上に置きます。天皇は、三度手を拍ち、「をを」と称唯（ゐせう）をされて平伏、米の御飯を三箸、粟の御飯を三箸聞し食（きこしめ）されます。宮中祭祀の中で陛下が柏手を打ち、称唯、平伏をされるのはこの時だけで、これは皇祖神に対して恭謙の意を示されることを意味してをります。その後御箸を元の窪手にお返しなさいます。陛下はここでは御飯のみ召され、生物・干物・汁漬・果子は聞こし食されません。御飯の次は御酒を聞こし食します。介添は、御盃を乗せた高坏から御盃一枚を取り、御酒を注ぎ陛下に奉ります。陛下は御飯同様の御所作で御手を三度拍ち、称唯して聞こし食し、介添に御盃をお返しなさいます。これを白酒で四度、黒酒で四度、都合八度なさり、その度ごとに、御盃と瓶とをお取り替へになります。嘗てはここで宮主（みやじ）といふ職の者が祝詞を申し上げましたが、今はありません。かやうにかなりのご丁重さが伺へます。大嘗祭儀の核心はこの皇祖神と陛下とがご一緒に同じものを召し上がることにありま す。これは皇祖神との一体化を意味し、この儀礼が一番重要なことになつてゐるのです。

これで全ての祭儀が終はりましたが、陛下は全てが片付くまでご退出にはなりません。介添は元のごとく祭器の筥に一つずつ蓋をし木綿で結んでお下げします。次に神饌や祭器具が片付いて何もなくなつた御食薦を巻き、これを撤します。最後に皇祖神にお供へした神食薦を撤します。介添は神食薦の上に並べられてゐる平手三十二皿と本柏四つを神食薦の中央に寄せ集め、これを薦に巻き包みます。そして薦の両端についてゐる木綿紐で結びます。この神食薦を持ち退出しようとする時に、この介添は平伏して「先づ挟むべき物を後に挟み給ひ、および諸の咎ありとも、神直び大直びに受け給へ」といつた祈りの詞を唱へます。親供の順をもしも誤つてゐたとしてもお許しくださいの意です（これは陛下が御酒を振り灑がれる間に唱

山口蓬春「大嘗宮の図」（『昭和聖帝御即位大典画史』より）

へるとした記録もあります）。

神食薦が下げられた後、陛下は御手水をなさいます。その御所作は最初と同じであります。本来御手水は祭儀の前後になされるもので、大嘗祭はその古様をよく残してをります。夜の十一時頃、古くは卯日の亥の四刻と申しますが、陛下は、御揖ののち御座をお起ちになり、元のごとく神座の周囲を回られて内陣から出御され、廻立殿へと還幸されます。この間御殿の中では二時間にわたり正座をされておいでであります。

廻立殿に還御された陛下は、また御潔斎なさり、古くは寅の一刻（午前三時三十分）現在では午前一時過ぎから主基殿へ入御され、悠紀殿の儀同様に祭儀を御奉仕なさり、夜が明ける頃にご退出なさいます。同じことを二度なさることについて様々な説がありますが、新嘗祭でも夕の儀、暁の儀と二度なさいます。これらは皇祖神に対しての遺漏のなきこと、ご丁重を期することであるとのことであります。悠紀は最も清まつたことを意味する「由貴（ゆき）」を語源とし、主基は二度目、繰り返しを意味する「次（つぎ）」を語源とするとのことです。ただこれについては国学者の本居宣長翁は随筆『玉勝間』に、次といふ説を排して「濯ぎ清める」ことだと書いてをります。陛下はこれと同様の御所作にて、やや簡略化された新嘗祭を毎年行はれますが、新嘗祭は祭場が神嘉殿といふ常設の建物であること、その神饌のお米が官庫からのものであるのに対して、大嘗祭は国内を東西に二分して悠紀、主基といふ代表国を決め、そこから米、粟を献納することなど、その基本が新嘗祭とは違ひ、大嘗祭はあくまでも御代始めを強く意識されてゐることがわかります。恐れ多いことですが皇嗣殿下が大嘗祭を神嘉殿でやればいいと仰せになられたことがありましたが、逆に御代初めゆゑにかやうな殿舎を設け国民奉賛のもと、このやうな祭儀を必要としてきた精神を尊重すべきなのであつて、手狭な神嘉殿でできるやうな祭儀ではありません。常設といふことにも問題があるのです。

ここに述べた徳川時代の再興後の旧儀には皇后の大嘗祭へのおでましはありませんでした。徳川時代にはおかくれの後に皇后の称号を贈られた方はゐますが、普通には皇后をお立てにならず、中宮や女御といふ身分でありました。大正度以降は「登極令」により、天皇陛下が悠紀殿に入御されたあと、廻立殿から皇后陛下が出御され、悠紀の帳殿の御座にお着きになるやうになりました。この帳殿とは明治以前にはない建物で、皇后宮専用の場として大正度以降に設けられました。しかしこの時貞明皇后は御懐妊で出御はありませんでしたが、香淳皇后から行はれて今に至つてをります。その後皇后陛下は拝礼されて還御されます。この拝礼の作法についての詳細は存じません。

かやうに大嘗祭の祭儀には現行の神社祭式にある、瓶子や土器皿、また三方、案といつた祭具を用ゐず、古来そのままの形での供進がなされてゐるところに大きな特色があります。二条良基は、後円融天皇の大嘗会に奉仕し、その『永和大嘗会記』に金や銀で作つた立派な器を用ゐてもよいのに「ただ器かしはの葉ばかりをあみつらねて」作つた皿を使ふことに「神代の風俗倹約をさきとせられる」と書きましたが、これは倹約といふよりも立派な祭具を使はずに、只管古義を遵守される精神によるものなのです。

大嘗祭の報道から

十一月十四日の夕から明け方にかけて、滞りなく一世一度の大祀である大嘗祭が斎行されました。この度の大嘗祭についてはどの新聞も翌日の一面に報道をしてをり、また儀式の様子も高感度のカメラで捉へた映像が放映されたりしました。報道は好感を持てる内容の記事が多く、皇室の私事として冷淡であつた平成度のものを知る身には、大きな差を感じました。ただ一部の大嘗祭の報道に考へることがありました。朝日新聞は当日の十四日の「天声人語」において、只管大嘗祭が「秘儀」であつてどのやうな内容なのかわからない不満を主張し、翌日の社説においても公開されるべきだといふ主張を書いてゐました。今回は大嘗祭違憲の訴訟はすべて平成度に確定済みであるとして却下され、憲法議論が検討されないままに平成の前例を踏襲して斎行したことへの不満も見え隠れしますが、大嘗祭は秘儀とはいへ、私も本書に書いた通り、その祭儀次第や天皇の御所作、祭祀の手順などは古記録を始めとする諸書によつて大方は知られてゐて、殊さらに秘儀を強調し、そのため公開するべきもの、といつた構図を企図したのでありませうが、その考へは成り立たないのです。牟礼仁先生によつて集大成された大嘗祭関係の論文目録(『資料集　大嘗祭論抄』)には膨大な量の論考があり、これによつても祭儀の内容が秘儀といふほどのわからないものとまでは言へませんし、大嘗宮の内部模型は國學院大學の博物館の大嘗祭展に展示されてゐて、諸図録にも掲載されてゐます。本来はこのやうなことを踏まへて、わかる限りのその祭儀の内容を広く報道することが公器である新聞には望まれるのですが、それを知つてか知らずか「秘儀」であると決め付けるのは知的怠惰にすぎないでせう。それは公開すべきであるとの論調を醸成するために、殊さらに秘儀を強調してゐる操作のやうに思はれます。

祭祀といふものは神と人との交感に重点がおかれます。その点大嘗祭が神の時間である夜間に行はれることは、その古い感性を現代に残してゐるものであり、数人の、采女といふ介添へ役が奉仕するものの、その場は神と天皇とのものなのです。ですからその場は公開、放映を憚かれるものなのです。不可視であるから神聖さが保たれるのであり、そこに畏敬の念が起こるのです。神社の御神体を公開せねば信仰が生じないといふものではないと思ひます。大嘗祭は「やればいい」といふ、公開された単なる行事ではありません。ここには神に対する丁重なおもてなしと慎みの畏怖感があるのです。神を祀るといふことは神に対する慎みと畏敬の念がなければなりません。そのことがわかれば公開すべきだとの主張などが生じることはないはずです。祭祀を唯物的な見方で扱ふことに大きな人間の奢り、危険があるのです。

大嘗祭を巡つて起された訴訟もその唯物的な考へに根ざします。平成の御代替はりの折もさうでありましたが、大嘗祭の宗教性を殊さらに強調して、戦後の皇室法の不備を突くやうな動きが出てきてゐるのも事実であつて油断はなりません。金額の問題、数値としてものを論じることが流行してゐますが、実は数値ほどわかりやすいやうで曖昧なものはないのです。大嘗祭の費用は二十億円と言はれます。一億円といふ金額と無縁の生活をしてゐる私ども庶民にとつて、この額はかなりのものであるとの印象を受けますが、国民一人の数で割れば一人二十円に過ぎないのです。そのやうに考へれば大した額ではありません。金額のことをいふなら東京五輪の五百億の方が問題であるのですが、それでも大嘗祭の金額を論ふのです。御即位の諸儀の装束も三十年前のものを再利用しました。使へるものを使ふのは無駄ではありませんが、大嘗宮のやうなものはさうはいかないのです。このことを深く考へるべきです。税金であるからその使途を考へるといふことはよく理解できます。しかし税金でないとできないものもあります。そこで祭儀のあり方を守り旧例を踏襲するために、大嘗祭に国民の奉賛金を募ることができないのか今後の課題とすべきです。大嘗祭だけに関して奉賛できる制度の確立です。それでないとその時の政府の解釈や予算措置によつて祭儀の本質が揺らぐといふ一大事がおきてしまふことになりかねません。今回の御屋根の問題がまさにそれでありました。

その後、神宮への御親謁、神武天皇御陵を初め、先四代の御陵御親謁も終へ、宮中三殿御親謁と諸儀が滞りなく終へた御奉賽の賢所の御神楽の儀、また年を明けて大嘗宮の撤却後の地鎮祭を以て即位儀礼が全て取収められました。その後は関連する行事として皇嗣殿下の立皇嗣の儀と続きます。

大嘗宮拝観

大嘗祭が終つたあと暫くして、大嘗宮の拝観がありました。私は混雑を避けてたまたま授業のない平日の午後に坂下門から参入し拝観しました。平日でも人出は多い方でありました。それだけ国民のこの祭儀に寄せた思ひが強かつたことがわかります。一世に一度であるとの重みを誰もが感じてゐたのです。それなのに宮内庁は道順と簡単な建物の説明の一枚刷りを配布してゐるだけで、どの建物が何でどうしたことかはわからないままです。また拝観者もどの建物が何かと一枚刷りを見ては、詳細はわからずに、写真の撮影に懸命でした。ついつい感情を抑へきれずに簡単な解説をしたところ、多くの人が集まつてしまひ、警備員に通行の妨げになるから立ち止まるなと制止されました。宮内庁の腕章をつけた職員も立つてゐるだけで何の説明もしません。確かに大勢の人ですから無理もありませんが、何か物足りないものを感じました。

案の定、膳屋や齋庫の御屋根が白い天幕張であつたことに衝撃的な違和感を覚え、大嘗宮の板葺きを拝して、大きな無念と悲しみを懐きました。拝観者はああ素晴らしいとしきりに写真を撮つてゐますが、この御屋根が本来重厚な茅葺きであることを承知の方がどのくらゐゐたのでせうか。当然のことですがその説明もありません。私は正面で深い一礼をして、道順に従つて右折し、悠紀主基の大嘗宮の見渡せる場所で、その無念さから簡単な説明をしました。多くの人が聴いてくれましたが、なんとも悲しくなつてきて、途中でやめてしまひました。茅葺きではない大嘗宮、黒木の柱ではなく角材ばかりが目立つ齋場、廻立殿の御屋根も板葺きでした。何に譲歩したのかさせられたのか、誰が圧力をかけたのか否か。そしてなぜこれをよしとしたのか。一世に一度の祭儀に臨まれる陛下のお気持ちを拝察して抑へきれない感情が湧いてきたのでした。この御屋根の改変はこの上ない暴挙で洵に遺憾なことでありました。この無念の御屋根を涙のうちに心の中に刻み込み、何度も振り返り仰ぎながら退出してきました。大嘗宮はこのあと撤却されて、本来は神聖なものゆゑ焼却されてきました。今回はそれを何かの資源材料の用材として撤下されるとのことです。貴重な御用材ですから再利用するにも神聖性を冒瀆するやうなことのないやうにと思ひます。

譲位からはじまり、御即位への一連の諸儀が終はりよかつたの安堵の思ひではなく、次代に向けての始まりなのです。次の御即位、大嘗祭に向けての問題把握と啓蒙とともに、国民奉賛の大嘗祭への模索といつた、この点も視野にいれて考へねばなりません。皇嗣殿下は、大嘗祭後の御誕辰の日にあたり、大嘗祭に関して昨年のお考へとお変はりなき旨仰せでありました。内廷費だけでは無理があります。広く大きく国民が奉賛できる大嘗祭こそが君民一体のわが国体を顕現するものと思ふのであります。

「教養と恋闕」

令和の御即位は三十年前の過激派が暴挙に出た上皇陛下の折とはかなり違ふ感覚の中で、また諒闇とは別の祝賀の雰囲気の中で迎へました。テレヴィはこの両日は特別番組を組み、皇室報道ばかりで、御学友やら何やらよくわからない方々が陛下の御逸話を話してゐたやうでありますが、一切私は見る気が致しませんでした。重要な事は新帝陛下の御人柄などではなく、どのやうな帝王学をお修めなさつておいでであるかといふことにあります。昭和天皇の帝王学、またそれをお受けになつての上皇陛下の御修学がありましたが、新帝陛下は私共と近い年齢であり、かなり御自由な環境において教育をお受けになられたのではないでせうか。学習院高等科時代の担任であつた小坂部氏は帝王学どころか逆のことを教へたのではないかと案じてをります。とは申せ萬世一系の御血筋は揺るぎませんし、私どもが心配する必要もありません。陛下が歴代天皇の大御心を継がせ給ふことは明らかであります。御齢五十九歳、普通なら定年間際の年齢ですが、大御位を御践みいただきました。

葦津珍彦先生の最晩年の文章に「文藝春秋」の昭和天皇の追悼号に寄せられた文章ですが、先帝追慕の情を細かに述べたあと、皇太子殿下（現上皇陛下）が皇位を継がれ、最も不自由な天皇といふ御位についていただいたことを感謝し、これを当然と思つてはならないといふことを述べてゐます。大御位を御践みいただき天皇になつてくださつたといふ思ひは、自然と感謝の思ひへとつながるのであり、これを国民が抱かねばなりません。これこそ皇室を、天皇を有難いと思ふ源なのであります。

御代替りに際し、一方では皇位、皇室の尊厳と歴史を知ることに意欲的な国民がゐて、書店でもその関係の書籍が多く出てゐましたが、また一方では全くの無関心で長期の連休に明け暮れ、海外への旅行に興じた人もあつたやうです。そしてこの改元、御代替はりに便乗しての経済効果も期待されました。現代の日本は実に様々自由で一見して無秩序のばらばらな国民のやうに映りますが、実は天皇といふ中心を自然のうちに感知してゐるのでした。それは無私の祈りに貫かれた御存在であることを誰もが無意識の内に理解してゐて、その求心力と安定性は大きなものがあらうと考へます。そのやうな中で、「令和」の新時代は上辺だけの皇室議論ではなく真の議論が必要となる時代であるとの覚悟を持たねばなりません。天皇や皇室を論じる時には、神話との繋がりを避けて通れません、また神代を荒唐無稽なものとして排除しても成り立ちません。実証史学ではわからない点があるのも事実です。これからは古典を読みまた儀礼の持つ意味と歴史をきちんと弁へてゐることが重要となります。そして何より皇統を維持せむとする恋闕の情と、国民としてのきちんとした身のふり方や分別が大切となります。「教養と恋闕」といふものが大事な時代となりました。このまま皇室は放つておけば自滅するのだなどと放言をして憚らない学者もゐますが、それは何なのでせうか。実際放つておけばそのやうになつてしまひます。だがそのやうにならないためにどれだけの努力が必要か、何をなすべきかが国民の双肩にかかつて来てゐるのです。皇室を御守りするのは私も含めて国民のみなさんなのです。

最後に一言

一連の皇室の大儀があつたこの一年は、ある意味で記念すべき年でありました。その年を振り返りまして、一月の昭和天皇の三十年祭から始まり、御在位三十年の奉祝、御譲位、それに関連する諸儀があり、また改元、剣璽の渡御と践祚、その後悠紀主基斎国卜定から始まる御大典に関連する一連の儀礼が粛々と行はれ、十月二十二日の即位の礼、また十一月の大嘗祭、饗宴、神宮山陵御親謁と続きました。現行の憲法の下での二回目の即位儀礼でありましたが、大方の点では前回を踏襲して行はれました。ただし政府は大嘗宮の御屋根を板葺きにするといふ国史上洵に恥かしく、あつてはならないことをしでかしました。また特例法に従つての御譲位と践祚は初めてのことであり、改元に関してひと月前倒しにして新元号を発表したこと、新帝による御裁可がなかつたことなど、本義に照らして先例に悖る事態がありました。皇室に関しての政治家の無知、不勉強と事勿れ主義は、ある面で大きな病巣となつてをり、安定した皇位継承の策を模索するとはいへ、まだまだ油断できない状態にあるのです。漢籍にいふ「臥薪嘗胆」、古事記にある「我は忘れじ撃ちてしやまむ」の思ひで、この無念の思ひを次代に繋げなくてはなりません。憲法の改正もさることながら、その前に国会議員が天皇・皇室、国体の基本について学ぶ機会が必要なのであります。国民においてもさうなのでせう。せっかくこのやうな年にめぐり合へたことを契機として、更なる深い学びをしていただきたいものです。

第六章　これからの皇室問題について

立皇嗣の礼について

大礼諸儀に関連して、その最後にあたる「立皇嗣の礼」は令和二年四月十九日に予定されてゐましたが、武漢肺炎禍の拡散防止を憂慮されて延期となりました。本来この項は「立皇嗣の礼」終了後に纏める予定でをりましたが、実施の目途もたたない現状に鑑み、その予定と問題点をあげておきます。

「立皇嗣の礼」の行事次第は令和二年一月二十九日の大礼委員会で決められました（巻末別掲）。これは今上陛下の「立太子礼」（平成三年）に倣つたものであり、ここでも国の行事と皇室の行事に別れて示されました。予定されてゐた行事をみてみますと、まづ四月十五日に神宮、神武天皇山陵、昭和天皇山陵に勅使発遣の儀があります。これは十九日に神宮や神武天皇、昭和天皇の山陵で行はれる祭儀の幣物を勅使に御授けになられる儀式です。ついで当日、十九日の行事を朝から時間の推移で追ふと、まづ早朝に神宮において立皇嗣の由を勅使が奉告される祭儀があり、奉幣があります。宮中ではほぼ同時刻に天皇陛下が宮中三殿にお出ましになられ、同様に立皇嗣の由を御自からお告げになります。また時を同じくして神武天皇山陵、昭和天皇山陵においても立皇嗣の由を勅使が奉告されて奉幣があります。

そののち宮殿において文仁親王が皇嗣であることを内外に宣明しこれを寿ぐ「立皇嗣宣明の儀」が国の儀式として行はれます。そのあと歴代の皇太子に伝へられてきた壺切御剣が陛下から親授されます。この儀では天皇陛下は黄櫨染御袍、皇嗣殿下は黄丹御袍をお召しになります。黄櫨染は昼の太陽の色、黄丹は朝日の色と言ひ伝へられてゐます。古代支那では黄色は皇帝の色であり、五行説では中央を意味します。

その後、皇嗣殿下は壺切御剣とともに皇嗣として初めて宮中三殿に謁します。そしてその後両陛下、両殿下ともに洋装に改められて宮殿にお出ましになり、両陛下が皇嗣同妃両殿下と対面される「朝見の儀」があります。ここでお言葉があります。また午後には宮内庁舎前において記帳の参賀が行はれます。両殿下はこのあと御所へ還啓になられこの時に祝賀のお列が組まれる予定でした。十九日の行事はこれで終ります。この儀礼は国の行事としては「立皇嗣宣明の儀」と「朝見の儀」だけであり、あとは皇室の行事となります。

ついで日を改めて二十一日には宮殿で国の行事として祝賀の「宮中饗宴の儀」があり、二十三日には神宮御参拝、二十七日には神武天皇山陵、五月八日には昭和天皇山陵の御参拝が予定されてをりました。これを見ておわかりの通り神事に関する事柄が皇室の行事とされるのは、憲法下においてもはや定着した形でありますが、皇太子（皇嗣）伝来の「壺切御剣親授」がなぜ国の行事にならないのかが疑問でなりません。践祚の時の剣璽については、その由来が神話に遡りますから、これには神秘性や宗教性を考慮にいれる考へ方もわかりますが、壺切御剣は平安時代の寛弘五年（一〇〇八）に宇多天皇から皇太子敦仁親王（後の醍醐天皇）に授けられたのを初見とし歴代皇儲にその象徴として伝来した由緒ある物であつて、『禁秘御抄』

にも「歴代東宮宝物」とあり、尊貴なものではありますが、所謂政教分離を考慮するやうなものではないと思はれます。

立太子礼の変遷

さて、そこで考へるべきことは明治以降の「立太子礼」の儀式の変遷であります。この「立太子礼」が皇室令として定められたのは明治四十二年のことで、この時、即位関係の「登極令」とともに「立儲令」として制定されました。登極と立儲は本来一組であるべきものなのです（昭和天皇即位の時のやうに皇太子を欠く場合もありますが）。

明治中期までは皇室の制度は確定してをらず、そのため明治天皇の皇子の嘉仁親王（後の大正天皇）の立太子礼は徳川時代の立儲の旧例と、宮中三殿参拝といふ新儀による形が模索されました。この立太子礼は明治二十二年、天長節にあたる十一月三日に行はれました。時に親王の御年は十一歳。その日の早旦に勅使として侍従長の徳大寺実則が参向し、「壺切御剣」が伝授されました。嘉仁親王はこのあと参内しお礼を申し上げ明治天皇から「大勲位菊花大綬章」の親授があり、ついで宮中三殿で「立太子奉告祭」が斎行され御参拝になりました。勅使が東宮となる皇子のもとへ壺切御剣を届けるのは旧儀の形であります。また宮中三殿はこの年の二月に宮殿の落成と同じくして竣工し、神御は赤坂仮皇居から遷座になつたばかりであり、憲法発布の御奉告など、三殿を中心にした形の儀礼や祭儀がこのあとも整へられてゆくこととなります。そして祝宴の儀は二十五日に行はれてゐることが『明治天皇紀』に見えますが、神宮や先帝である孝明天皇山陵への御参拝はこの年、または翌年にも行はれてゐません。

明治四十二年に定められた「立儲令」による初めての立太子礼は、大正五年十一月三日に行はれた裕仁親王（昭和天皇）御儀です。時に親王は御年十五歳であらせられました。このあと戦後にこの「立儲令」が廃止となつたため、これが唯一の最初で最後の例となつてゐて、戦後も全てがここを基準に考案することとなりました。

裕仁親王の立太子礼はこの「立儲令」によつて行はれ、儀式に先立つ十一月一日、神宮及び神武天皇、明治天皇山陵に「勅使発遣の儀」があり、ついで当日の三日早朝に宮中三殿で立太子の由を奉告される「奉告の儀」があつて、侍従の清水谷実英が天皇御代拝をつとめました。ついで中心的な儀式が「賢所大前の儀」として行はれました。まづ大正天皇が出御されて、賢所内陣御座での御拝礼、自ら告文を奏上せられたのです。ついで裕仁親王が賢所に参進され御拝礼、天皇に御対面なさると天皇は「壺切ノ御剣ハ歴朝皇太子ニ伝ヘ以テ朕カ躬ニ迨ヘリ、今之ヲ汝ニ伝フ、汝其レ之ヲ体セヨ」との勅語を賜り、壺切御剣を親授されました。このあと天皇は入御され、ついで親王は壺切御剣とともに皇霊殿神殿に謁したのでした。これと同じ時刻に神宮及び神武天皇、明治天皇山陵において奉告の奉幣がなされてゐます。また全国の官国幣社では祭儀が斎行されました。この後十二月十日に神宮、十三日には先四代の天皇（明治天皇、孝明天皇、仁孝天皇、光格天皇）の各山陵に参拝されてゐます。この神宮山陵への御参拝は「立儲令」に記載がないものの「登極令」の天皇即位後の御参拝に準じた形を踏襲されたのでした。

戦後の立太子礼と壺切御剣

このやうに一つの形になつた立太子礼でしたが、戦後、「立儲令」がなくなり、法的に依拠するものはなくなりました。そのやうな状況の中で昭和二十七年、父昭和天皇の御即位の所縁の日にあたる十一月十日に明仁親王（上皇陛下）の立太子礼が行はれました。そこで「立儲令」は廃止になつたものの、凡そこれに準拠しつつ、憲法との兼ね合ひのもとで賢所大前の儀をどのやうにするかが課題となり、新例が考案されたのです。十一月六日、旧儀に倣ひ「勅使発遣の儀」が行はれ神宮及び神武天皇、大正天皇山陵に勅使が差し遣はされました。また当日早朝には、宮中三殿に昭和天皇が自ら立太子の由を告げられる親告の儀がありました。なほこの時は先に成年式も併せて執り行ひ、皇族は十八歳で成人の定めに従ひ、空襲後まだ再建ならない仮宮殿において国事行為として成年式、加冠の儀があつたのです。その後改めて立太子礼が行はれましたが、これは憲法を意識してか「立太子宣明の儀」と「壺切御剣伝進の儀」に分けられ、前者を国事行事とし、異なる式場で行ふといつた配慮がなされました。昭和天皇の時は賢所の大前で大神の照覧のもと、天皇から壺切御剣を親授され、勅語を賜ふことによつて皇嗣であることを世に示したのですが、それが憲法の制約により、新たに「立太子宣明の儀」なる儀礼を設けねばならなくなつたのです。儀式では田島道治宮内庁長官が「宣明」を読み上げ、明仁親王が両陛下に拝礼され、吉田首相が寿詞を述べる形になりました。その後、式場を表拝謁の間に変へて「壺切御剣伝進の儀」が行はれ、その後皇太子殿下には御剣を奉じて宮中三殿に参拝され、ことの由を奉告されました。ついで御改服後、今度は国事行為として「朝見の儀」があり、殿下が両陛下にお礼を言上され、陛下から勅語がありました。

そして皇太子殿下にはこれも前例に倣ひ十八日に神宮、翌十九日に神武天皇山陵、二十日には大正天皇山陵に参拝されて、関係する諸儀を終へました。この賢所の大前を避け、「立太子宣明の儀」を新たに設け、壺切御剣を親授する儀礼を別にまた行ふといつたこの新儀の形はその後、今上陛下そして今回の皇嗣殿下へと確定した形として前例を踏襲して行はれてきてゐます。

占領が解除されて主権が恢復したばかりの我が国が直面したことは皇室の儀礼における憲法との関係でありました。しかし当時の官僚はこれが厳重に区別されるものでもなく、またその必要もないやうに考へてゐたふしもあります。それはこのあと昭和三十四年に行はれた皇太子殿下（上皇陛下）の御成婚が「皇室婚嫁令」（明治三十三年のちの大正天皇の御成婚の前に定められた）に準じて賢所大前で国事行事として行はれたことがあるからです。そしてそれは今上天皇の時にも何ら疑問はなく行はれました。これは国民にとつて神前結婚式が何ら違和感のないものとされてゐたからとの説明では片づかないものがあります。しかし、それならば何故壺切御剣をこのやうに扱つてしまつたのでせうか。ここに大きな瑕疵がありました。今まで剣璽については様々な議論がなされてきました。平成になつて神宮御親謁には剣璽の御動座が定着しました。今後はこの壺切御剣についてももつと注目し、皇太子（皇嗣）殿下の神宮への御参拝には奉じられるやうにお願ひ申し上げるべきだと思ひます。

かやうに賢所大前は国家皇室の重要な儀礼の場であつたのですが、それが今は皇室の私事の場となつてゐる現状を承知しておく必要があります。今は早くに武漢肺炎禍が収束し、立皇嗣の礼が滞りなく行はれますことを祈るのみです。

天皇陛下の祈りと国民の祈り

令和二年、天皇陛下には新年の早暁、神嘉殿の前庭に出御遊ばされ、御屏風に囲まれた御拝の座から神宮、山陵、四方を御拝あらせられる四方拝の儀にお臨みになりました。大嘗祭を秘儀と申すなら、同じく四方拝も上御一人のみに相伝される秘儀であつて、未明の暗く、松明の弾ける静寂の中を両段再拝の御鄭重な御作法の衣擦れの音が聞こえるのみと伺つてをります。陛下は御即位後初の新年にあたり、国民の上、国家の安泰、また世界の平和までを深く御祈念あらせられたのであります。しかも神嘉殿の前庭に仮設の御拝の座を設けるといふこの形は、地面に下座しての遥拝と同じことであります。伊勢の神宮の祭儀がみな地面に下座しての庭上の祭儀であつて全て同じ精神で貫かれてをります。大嘗祭も悠紀主基両殿の御床も藁を敷いた上に床を延べた簡素な設へであつて、建物の中でも土間同様なものと承ります。宮中や伊勢の古い形を残す祭儀はみな地面に座り、庭上下御といふ形で伊勢の神宮などを遥拝なさる形であり、遥拝の祭儀と申してもよろしいかと存じます。

昨年五月の践祚以来、即位関連の諸祭を初め、宮中祭祀におつとめ遊ばされ、上皇陛下が高齢化に伴ひ簡略化された月一度の旬祭にも毎月お出ましになられるお姿はまた有難いものであります。陛下がこのやうに祭祀に御熱心であることを畏み、国民ももつと日々の祈りをこめる必要があります。我々の祈りが陛下に届き、その国民の祈りを体されて陛下が神々に祈られる、この形が皇室を戴く我が国の君と民の繋がりの姿でありませう。祈るとは何も神社などの御前での行為とは限りません。折々の日常に何かしら深い感謝と祈りを個々人がする、心の中におはす神を（神にではありません）祈るのです。それは聖寿萬歳であり皇位の天壌無窮であり、男系による皇位継承でもあるのです。国民の祈りによつて守られる皇室、また皇室の祈りに守られてゐる国民といつた認識が必要であります。

二月十一日の臨時御拝

二月十一日は「建国記念の日」で、嘗ての「紀元節」であります。令和初めてのこの日今上陛下には直衣をお召しになり、恒例の宮中三殿へ臨時御拝におでましになられました。嘗てはこの日は神武天皇の創業の鴻績を御偲び申し上げる日で、宮中では皇室祭祀令によつて陛下の御親祭のもと紀元節祭が行はれてをりました。戦後、占領軍の圧力により、紀元節が廃止され平日になつたことにより宮中祭祀にも変化が齎され、紀元節祭もお取り止めになりました。しかし昭和天皇の神武天皇にお寄せになる大御心は変はることなく、二月十一日は臨時御拝と称して宮中三殿へ出御、御拝をお続けになりました。上皇陛下にもこの御心をお継がせになられ、諒闇明けからこの日の臨時御拝に臨まれてきました。そして令和の御代になつてもこの大御心には御変はりがありませんでした。これは有難いことであります。ただいつまでこのやうに臨時御拝と申し上げねばならないのでせうか。ここに建国記念の日と紀元節とが全く違ふ認識にたつものであるといふ大きな相違があるのです。そして宮中祭祀と国民の祝日は同じ日であつても、その拠つて立つところが違ふのです。七十五年近く変則的に行はれてきてゐる、この臨時御拝の大御心を忝く思ふがゆゑに宮中において紀元節祭が堂々とできない理由は何なのかを、そろそろ考へてみる必要があります。どこにその問題があるのか、私にはわかりません。宮中祭祀が国家的なものではなく、皇室の私事であるから、国家の創業を回顧し、それを仰ぐ祭儀はできないといふわけでもありますまい。

　また、拙著『宮中祭祀』にも書きましたが、十一月三日は嘗ての明治節で、戦前は宮中で明治節祭がありました。これも戦後文化の日となり、御祭儀はお取りやめになりました。しかし昭和天皇の、祖父明治天皇にお寄せになる大御心は紀元節の日と同じく変はることなく、十一月三日の臨時御拝と称して宮中三殿へ出御、御拝をお続けになりました。ただしどうしたことか、平成になつてからこの臨時御拝はお取りやめになりました。理由は定かではありません。七月三十日の崩御当日に明治天皇祭が行はれてゐるため、それで充分であるとの叡慮があつたのか、またはそのやうなことを進言した者があつたのかもしれません。これは宮中祭祀の簡略化にほかなりません。私は令和の御代において、是非ともこれを復活なさつていただきたいのです。それによつて文化の日を明治の日に改めようとの動きに弾みがつくと思はれます。残念ながら去る十一月三日には三殿へのおでましは叶ひませんでしたが、このことを強く熱望してやみません。と申しますのもこのやうに宮中祭祀の簡略化の蠢動があるなら、次は二月十一日の臨時御拝が標的になるからです。明治節と同様に考へるなら、四月三日の神武天皇の崩御当日には神武天皇祭が行はれてゐます。夜には御神楽まで奏されます。これで充分であつて、何も二月十一日に特に御拝なさる理由もなからうといふのがその論理です。しかし叡慮は四月三日は神武天皇の祭儀であり、二月十一日は建国創業に寄せる祭儀であるとのことにあると拝承するのであります。では明治祭はどうなのか、明治天皇の偉業を回顧することは無意味なことなのか、これも疑問が湧いてきます。この二つの臨時御拝のことは実に関連したものであり、是非とも心にとめておかねばならない大きな問題点であります。

御即位三十年であり、御在位三十年ではない

天皇皇后両陛下（現上皇、上皇后両陛下）には、平成三十一年一月七日を以て践祚以来三十年の年をお迎へになりました。先帝昭和天皇の六十四年、明治天皇の四十五年に比べると短く感じますが、宝算五十を越えての践祚ですから先帝の二十五歳、明治天皇の十六歳とは比べられません。

これによつて政府は先に「御在位三十年記念式典」を挙行しました。これに併せて記念の硬貨や切手が発行されましたが、硬貨には「御在位三十年」とありましたが、切手には「御即位三十年」とありました。それで過去の記念切手を見てみましたら、「御在位十年」「御即位二十年」とあつて、二十年の時からのこの「在位」を「即位」にあらためてゐます。その真意は不明ですが、この間に郵政省から民間へ変はつたことが何かしらの原因かもしれません。政府はあくまでも「在位」に固執してをります。実は同じことのやうですがこの「在位」か「即位」かといふ表記の問題も慎重性が求められます。このやうに天皇の御在位□十年を

お祝ひ申し上げる行事は、昭和天皇の御在位五十年の式典を初めとし、六十年、そして平成十、二十、三十年の五回に及んでをります。民間で御在位五十年をお祝ひすべく昭和五十年の秋に、東京で提燈行列を行ひました。当時中学生の私は喜んで参加した記憶があります。これに動かされて翌年に政府が式典を挙行したと申してもよいでせう。この時は「御在位」でありました。ついでに申し上げますが、昭和天皇の御在位五十年の式典の開催にあたり、様々な議論がありました。戦前の元首、戦後の象徴といつた御立場の違ひから、それは一貫したものではないのだから、在位五十年ではないとの左派からの攻撃がありました。これを認めることは戦前と戦後を分断することとなり、戦前を悪とする思想に繋がります。先人はこれを断固阻止しました。複雑な妥協点があつたのでせう、この日は半日の祝日となりました。ただ、この動きが元号法の制定に大きな弾みとなつたのも事実であり、この後の十年ごとの式典開催の布石ともなりました。

六十年の折は、恩師森田康之助先生が、「在位」は限定された過去の在位年数を意味するもので、崩御後の呼称であるから避けるべきであると主張され、私も折々先生から直接話を伺ひました。「在職」との語も主に退職後の呼称であるとの例をあげ、ここでは「御即位□年」と申すべきであるとのことでした。先生は神社本庁の教学委員でもありましたから、これにより神社界をはじめ国民有志団体はみな「御在位」ではなく「御即位□年」と申すやうになりました。切手の「御即位三十年」はこれに倣つたのではないでせうか。御代の無窮を祈る立場であれば、限定した在位□年の表記はよくありません。御即位以来□年が正しい表記となりませう。ただ、今回に限つては、御譲位も近く「御在位三十年」でもよろしかつたのかもしれませんが、森田先生が生きておいでなら即座に「中澤さん、御在位は三十年と数ヶ月、この場合は三十一年ですよ」と叱られるかもしれません。起点を即位に置くか、今に置くか、同じ三十年でも考へ方が相違します。維新以来の百五十年なのか、今から百五十年前なのか。難しい問題でもあります。

秋篠宮家の問題——内廷か否か

天皇陛下の御即位を受けて、秋篠宮殿下には皇嗣殿下に、また悠仁親王殿下には皇位継承二位の重いお立場におなりになりました。そこで皇室警備の問題があり、この点を我々は深く受け止めなくてはなりません。先年、山梨に行啓になつた秋篠宮殿下のお車が追突の事故を起こすといつたことがありました。妃殿下並びに悠仁親王殿下も御乗車でしたが、大事には至らなかつたものの、恐るべきことであり、今後も皆無とは申せません。また昨年の悠仁親王殿下の御通学先のお茶の水大附属中学での事件は、内容が明らかになるにつれて暴戻極まりない大逆である一方、あまりにも殿下の身辺警護の薄さ、甘さを露呈し、身震いを禁じえませんでした。皇族をお預かり申し上げるとはどのやうなことかの自覚があつたのか、責任の所在はどこにあるのか、学校側の警備はどうであつたのか、明確にしておく必要がありますがそのことも聞こえてきません。このことは上皇陛下もかなり御軫念遊ばされたと漏れ承りますが、殿下御自身が一番お気の毒な思ひをされたのではないでせうか。

また一方では恐れ多いことながら皇位に対する御自身の御立場をよくよく御理解遊ばされたのではないでせうか。そのやうな事態があつた以上、もはや御自由に通学なさることも検討せねばならないと懸念致します。宮中に御学問所を設けた昔に倣ふことも場合によつては必要になるかもしれません。嘗て皇室警備が、殊に宮家に関しては甘いと「神社新報」に投じて、幾度も警鐘を鳴らしましたが、なかなか改善されてをりません。内廷と内廷以外の皇族の警備に大きな差があるのも事実です。形式ではありません、なぜそこに差をつけるのかがわかりません。本当に大丈夫なのかと大いに心配なのであります。

今回皇位継承第一位とおなりになる「皇嗣殿下」も一つの用語ですので、正しくは皇嗣文仁親王殿下、皇嗣妃紀子殿下と申し上げるものかと存じます。もちろん皇嗣殿下、皇嗣妃殿下でも構ひませんが秋篠宮は宮家の称号ですから、殊さらにそれをつける必要もないのではと存じます。本来は皇太弟殿下と申し上げるべきですが、この用語が『皇室典範』にないことにより、明治の皇室典範にあつた「皇嗣」の語を準用したやうです。しかしさらに深読みをすれば皇太弟と称した場合は、それは内廷の一員となり宮家の一員ではなくなり、御費用が皇族費ではなく内廷費からの支出となるなどの微妙な関係を避けたのではないかとも思はれたのです。

内廷とは天皇皇后両陛下、敬宮殿下、上皇上皇后両陛下のことであり、天皇陛下から直系の関係にある方をさします。それに対し宮家は独立した存在で、この差は大きいものがあります。例へそれが皇位継承順位一位であつても宮家と呼ぶ以上、その扱ひなのです。先に申し上げた警護の問題も内廷か否かの問題に根差すと考へてをります。皇太子（弟）殿下と皇嗣殿下とでは内廷か否かで、大きな差があるのです。極端なことを申し上げれば宮家と申し上げた場合それは「臣」であり、皇嗣殿下ながら、一宮家の御当主に過ぎないのであります。嘗て、昭和十五年の「紀元二六〇〇年式典」において昭和天皇の皇弟である高松宮殿下は「臣宣仁」と仰せになりました。男系維持を第一に言ふなら、秋篠宮家といふ一宮家ではなく、皇嗣宮御一家と申し上げるべきで、格別の御待遇をするべきであります。皇嗣殿下が大嘗祭を内廷費で賄ふべきだと仰せになつた時、私は内廷と宮家の差の御不満による御発言ではないのかと案じました。

この時女系論者のある方が、一宮家であつて、それで内廷のことをいふのかと怒つてゐましたが、私はその逆を思ひました。皇嗣殿下御一家に対する週刊誌記事などに、どこかしら女系論者の皇嗣殿下を嫌ふやうな意図が見え隠れするやうに感じてしまひます。今後皇嗣殿下御一家に対する御待遇も改善されていくことを願ふばかりです。

上皇大喪儀

上皇陛下が御意識を急に失はれて御倒れになつたことがありました。対応が迅速であつたため大事に至りませんでしたが、特例法に明記された、喪儀と陵所は天皇の例に倣ふといふ規定を、早くに定めておく必要を感じます。「皇室喪儀令」は大正十五年十月に定められました。大正天皇は御不予であつて、皇太子でありました昭和天皇が摂政の時でありました。これは崩御を見通しての制定ではなく、結果としては時期的にそのやうなことになりましたが、明治末年から順次に定められた皇室令の一つとしての規定でありました。昭和天皇がご健在の時にその喪儀についての議論が、失礼に当るとして先送りにされたことが、崩御後の短期間で前例と憲法との間の解釈をめぐる鎬の削りあひになつたことを思ふと、今回も昭和天皇の喪儀に準じるとは申せ、どのやうな形でなされるのか明確に案を示しておくべきであります。前例に従ふと言ひつつも大嘗宮の御屋根などの大きな改変があつたことを思ふと、昭和天皇の喪儀の例に準じるとはいへ、なにかしらの改変がなされるものと危惧してをります。と申しますのも上皇の喪儀は過去の皇室令にも規定はなく、それこそ譲位と同じく光格天皇の喪儀が前例とはなりますが、この折は時代も違ひますし仏教色強く泉涌寺で行はれたのであつて前例とはなりません。

上皇陛下は早くから薄葬をご希望であり、玉体を火葬にされたい旨を仰せ出でなさつてゐます。御陵についても縮小ありたき思召しや、また譲位のご希望を述べになつたおことばにも喪儀から即位に続く儀礼の、繁多さ、国民生活への影響などを挙げておいででありました。このやうなことを考へると天皇の例に準じるとは申せ、新儀としてかなりの簡易化がなされるのではと案じてをります。

皇室喪儀令の中に定められた「皇太后大喪儀」は該当することがないまま、これも憲法の制定により廃止となり、実際に運用されることはありませんでした。皇太后でいらした貞明皇后の喪儀は昭和二十六年で、まだ占領下のこともあり、皇太后としての喪儀の前例となる昭憲皇太后の喪儀や「皇太后大喪儀」の規定に遵ひつつも、国葬の扱ひをしつつ曖昧のまま皇室の行事として行はれました。ついで香淳皇后の喪儀はこの前例に倣ひ、豊島岡で皇室の行事として行はれました。皇太后の葬儀の形はここに確定したのです。それは天皇喪儀や明治以降一度だけあつた昭憲皇太后の喪儀と、かなりかけ離れた縮小された形のものとなりました。昭和天皇の喪儀は皇室典範二十五条によつて新宿御苑に葬場殿を立て皇室の行事（葬場殿の儀）と国家の行事（大喪の礼）の二本立てで行はれました。天皇と皇后とでこの格差があることを思ふと、薄葬をご希望である上皇陛下の喪儀は、天皇の例に準じるとはいへ、ややもすると豊島岡で行はれ、落合の火葬場をお使ひになるのではないかと案じてをります。皇室問題は憲法との整合性、皇室典範を補ふ方法がないなどまだまだ未解決のものがあります。政府はこのことも御譲位同様に前例になるのだとの考へのもと慎重に、早期に取り組まねばならないと思ふのです。宝算八十八をお迎へになることを思へば、ことあつてから拙速に決めるのではなく、今から用意しても決して失礼にはあたらないのです。そしてその基本は上皇の御身位であらうとも、天皇でいらした過去がある、在位三十一年に及ぶ平成の御代があつたことの重さを考へるべきであります。薄葬をご希望である上皇陛下の思召しを有難く拝すとともに、皇室の歴史と伝統に則し、また国家としての品位あるものにしなくてはならないと思ひます。

皇室・敬称敬語のありかた

平成三十一年（令和元年）は改元、または御即位のこともあつて、天皇・皇室関係の報道が頻繁にあり、書物も多く出版されました。中には反天皇・反皇室といつた書物もありますが、大方は好意的なものや皇室についての啓蒙的なものが多く見受けられました。ただし皇室用語に関して無関心なものがあつて、折角の内容ながら残念なことに評価できない書物がありります。拙著『一般敬語と皇室敬語がわかる本』（錦正社）に詳細に書いたのですが、なほも広く理解されてゐないことがあり、著名な方の書物に誤つた表記や記載があると残念に思ひます。しかしそれは敬語に関する無関心を曝け出してゐることであつて恥づかしいことなのです。ただ拙著は譲位を考へてゐない時代の執筆ですので、少し改訂の必要もでてきました。新しい御代においては上皇陛下、上皇后陛下、皇嗣殿下などの新用語も生じました。その用法についても「特例法」にあるものの、この際『皇室典範』を改正して、上皇、上皇后の敬称は「陛下」であること、お亡くなりになることを崩御と称し、大喪の礼を行ふなど、他の様々な根幹に当る部分について明確に規定しておく必要があります。

新たな皇室敬語として、今上陛下を新帝、新帝陛下と申し上げることは差し支へがありませんが、上皇陛下を先帝、先帝陛下と申し上げることは避けた方がよいかと存じます。漢籍によれば「先帝」は崩御された先の天子に対する称であります。「先后」も同じく崩ぜられた后妃をさします。同様に先考、先妣ともに亡くなつた父母の意です。

マスコミの報道用語はあくまでも彼らが任意に使つてゐるもので、多くの国民の耳目に入りますが、それが正しいわけではありません。彼らは過剰な敬語は使用しないといふ、自ら決めた規定を墨守してゐます。過剰過ぎるものに関しては理解もできますが、「皇室典範特例法」に上皇、上皇后に対する敬語は「陛下」であると明記されてゐるにも拘はらず、御譲位以降、案じてゐた通り「ご夫妻」「さま」を使用して、上皇ご夫妻、上皇さま、上皇后さまと書き、「両陛下」「陛下」は一切ありません。皇族に「殿下」をつけなくなつたのと同じ扱ひであります。私はこれは敬称であつて過剰な敬語とは思はないのです。天皇皇后に「陛下」をつけ、天皇皇后でいらした方に「さま」をつける真意は、「陛下」といふ用語を使はないといつた意思表明としか考へられません。マスコミの世界では敬称をつける対象は今や天皇皇后のお二人しかないのです。産経新聞ですらこの扱ひであつて、皇室用語においては産経も朝日も同質であつて極めて残念、遺憾なことであると考へます。

これに関して何度も言ひますが、無理解のまづ第一は「諡（おくり名）＝諡号」がわかつてゐないといふことです。書店に並んでゐる皇室関係の書物に上皇陛下のことを「平成天皇」と書いてあるものを散見します。御名の明仁を書いてゐるものもあつて驚きます。そもそも天皇でいらした方には元号を勘進するやうに崩御後にその在世中の御遺徳を称へて、漢字二文字の諡を奉つてゐました。これを「諡号（しがう）」といひます。時代の流れの中でその御在所など所縁の土地の名を「追号」として贈るやうになりましたが、徳川時代の後期に「諡号」が再興され、その時に「光格」との諡号を奉りました。その後明治になつて天皇の崩御後に、治世の元号を諡（おくり名）とするやうになつて、慣例となつて明治大正昭和と続いてをります。そのため上皇陛下に崩御後に「平成」と諡される可能性が高いのですが、現時点ではまだ「平成天皇」ではなく、あくまでも上皇陛下であるのです。明仁天皇、美智子皇太后など御名を表記することは一番憚られることです。どうしても平成の年号を用ゐたいならば、「平成の天皇陛下（皇后陛下）」といつた、時代を示す表記がよいのかもしれませんが、やはり不自然で、上皇陛下、上皇后陛下とあるべきです。

御身位による称号を使ふことが正しいのであつて、宮内庁はこの点をきちんと整理すべきであり、マスコミにもその依頼をするべきであります。

過去の天皇についても、明治天皇、大正天皇、昭和天皇などの謚号が正しく、皇后陛下では昭憲皇太后、貞明皇后、香淳皇后とあるべきなのです。それをわざわざ美子皇后や節子皇后などと御名前を書く必要はなく、これではどなたを指すのかわからないものです。称号は皇后と皇太后とでは皇后の方が上位ですから、皇后の身位にあつた方は皇太后の時期があつても「――皇后」と称すべきで、「昭憲皇太后」との称号は過誤であつたことは拙著にも説明してある通りです。謚号についてはこれが基本なのであります。

ところがその用ゐ方について時代の描写が難しいとのご指摘があります。例へば「明治」といふ時代を描写するにあたり、小説などのやうにその時代になりきつての描写なら「天皇（陛下）」「皇太子（殿下）」になるのでせう。その時代の人はまだ天皇陛下が「明治天皇」と謚されるとは知りません。現在からその時代を書くとしても、そこに元号があれば「明治三十八年、天皇陛下は――、同年皇太子殿下は――」でわかります。また明治といふ時代のことなら「（明治）天皇は――、皇太子（後の大正天皇）は――」とも表記できます。ただ一般に申し上げるのなら「明治天皇の御製」「香淳皇后の御絵」で済むわけです。その点では国立公文書館で行はれた天皇陛下御即位記念「行幸」展の図録は、公文書を扱ふ役所として明確な表記をしてゐて参考になります。

また、何度も申し上げますが、未だに「御皇室」「御皇族」といつた表記が散見され、時には耳にします。そもそも「皇」の字には敬意が含まれてゐて、文字文化の国である大陸では、この文字があれば改行、擡頭する、または一文字分空けるなどの書き方をしました。大日本国憲法の告文がそのやうに改行されて書かれてゐます。ですからここに「御」は必要なく、却つてをかしな国語表記となつてゐるのです。御皇居とか、御皇宮警察とも申しません。御皇位、御皇威なども書きません。誤用が定着することを一番恐れます。

お名前と御称号

一月の大相撲の初場所は、昭和天皇からの慣例で、国技館へ行幸、天覧相撲が行はれてきました。これは平成令和と続き、角界の不祥事の折はお取りやめのお沙汰もありましたが、令和二年の初場所は両陛下が初めて国技館へ行幸啓なさいました。この折は御一緒に敬宮殿下もおでましになられ台覧となりました。これを報道した翌日の新聞記事を比較しますと、産経新聞のみが「敬宮愛子さま」と書き、他はみな「愛子さま」となつてゐました。本来は皇族の敬称である「殿下」をつけて、「敬宮殿下」または「敬宮愛子内親王殿下」と申し上げることが正しいのですが、新聞の報道は平成のある時期からこの敬称である「殿下」をやめてすべて「さま」に統一したやうです。産経新聞もそのやうに表記してをります。そしてさらに御称号の「敬宮」も使はないやうにしたやうです。御称号は天皇陛下の皇子女である直宮の方にのみ御使ひになられるもので、長男子は立太子、他は御成婚によつて宮号を賜る、または降嫁されて姓が生じるまで使ふものであります。これは直接にお名前をお呼びしないための床しい表現であつたのです。今上陛下は浩宮殿下であつて、その後は皇太子殿下となり、決して徳仁さまなどお呼びしたことはなかつたはずです。同様に礼宮殿下は御成婚によつて新たに宮家を興され、秋篠宮殿下となり、文仁さまなどお呼びした記憶はありません。現在御称号のある直宮は敬宮殿下お一人でありますから、そのやうに表記せねばならないのに、どの報道も「愛子さま」とばかりあつて、女性天皇の容認・推進の人の文章などには「愛子天皇」などといふ驚くべきものもあつて、困惑します。しかも保守派と称する方が平然とこれを表記してゐることに愕然といたします。これから皇位継承問題が浮上することとなりますが、敬宮殿下が皇位におつきになられた場合のことを「愛子天皇」などと表記することは、何も知らない人にはわかりやすいといつた表向きの生半可な理由もあるやうですが、いかにも天皇であるべきかのやうな刷り込みがなされてゐるやうでよくありません。

　このやうなことは上皇后陛下がまだ皇太子妃殿下でいらした頃に、女性週刊誌などが、「美智子さま」「美智子妃殿下」などと書いたことに始まるやうです。当時のことですから初めの頃は親愛の情で書かれてゐたのでせうし、新聞報道などはきちんと皇太子妃殿下と書いてゐた時代ですから、それはそれでまだ健全でありました。しかし、これも平成になつてから、「美智子妃殿下」が「美智子皇后」と表記されるやうになり、「皇后陛下」で済むことをこのやうにわざわざ御名を書くことに何ら違和感を持たなくなつたやうです。これは智的怠惰であります。「愛子天皇」もこれと同じ発想があるやうです。

さらに驚くことに「美子皇后」や「節子皇后」などと表記されたものも散見いたします。前者は明治天皇の皇后（昭憲皇太后）後者は大正天皇の皇后（貞明皇后）であり、これは諡号の方がわかりやすいのに、なぜかこのやうに書いたものがあります。同様に昭和天皇がまだ御在位の時に今上天皇と言はずに裕仁天皇と表記されてゐるものを散見しました。さらに崩御後は「天皇裕仁」などといふものも何の気兼ねもなく書かれてゐるのを見ました。昭和天皇が崩御された時にある政党の機関紙は「裕仁死去」と書き、また香淳皇后崩御の時は一般の死亡記事の中に「良子」と書き、「裕仁の妻」と説明してあつたと聞いたことがあります。所謂天皇制打倒を掲げてゐる政党ですから、この徹底した表記はこの政党の思想の表れであつて、これが両陛下はじめ皇族方の御名前を平然と表記することとどこか通底してゐて、そこには畏敬の念も親愛の情も生じないものであることを銘記しておく必要があります。

皇居勤労奉仕の問題点

令和の御代になつて、皇居の勤労奉仕を希望する団体が増えてゐるさうです。そもそもこの勤労奉仕は、戦後間もないころ焼け落ちた宮殿の片付けに参じた一民間団体の忠義心から始まったもので、それ以来七十余年の歴史を積み重ねてきてゐる団体もあります。初期には陛下のおでましなどなく、黙々と御奉仕申し上げるだけでした。近年の勤労奉仕は衷心からの皇室欽慕の勤労奉仕の情からではなく、下世話に申せば「天皇に会へる」といふことによるのださうです。そのやうなことを聞くとそろそろこれも或る規制をかけなければならない時期にきたのではと思ひます。

陛下の謁見がなくとも、奉仕に上がるのが本義であり、それを目当てに参上するとは本末転倒でありませう。万全を期しても何が起こるかわからない時代ですから、開き過ぎの皇室にも問題があります。この謁見も、十年二十年といつた伝統のある団体に限るべきで、「天皇に会へる」といつた興味本位で結成された安易な団体とは区別する必要があると思ひます。皇位継承資格者である男性皇族が少ないといふ現状を憂慮するなら、それを御護りするために「もしも」のことを十分に考へておく必要があります。たとへ陛下がそこまでは不要であると仰せになつたとしても、あらためてお考へいただくべきであり、また側近は率先してこのことを考へねばなりません。現在の宮内庁の欠点は道義を踏まへて諌言する忠臣がゐないことです。皇嗣殿下が外国行啓にあたり民間機の御利用を望まれても、その思召しは有り難いことながらやはりご再考いただくべきであつたと思ひます。皇室警備の問題をもつと真剣に考へねば取返しのつかない事故に繋がることは明らかであります。

かやうな皇族の減少化によつて議論の俎上に乗るのが、皇族の御負担の問題です。様々の御活動のそれぞれに人数が少なくなると支障が生じるとのことですが、そのために皇族を増やす、それなら女性皇族といふのは本末が違ひます。皇族には皇位継承に関する問題もありますが、皇室を御護りする藩屏の意識をお持ちいただくことも重要であります。またこちら側も伝統的な会の総裁職以外はあまり依頼をするものではないと思ひます。

中でも忘れてはならないことに御修練の問題があります。皇室には和歌と書道の伝授の伝統がありました。所謂御所伝授です。和歌の古今伝授は公家体制が崩れた明治以降に破綻し、絶えました。もっともそれほど重要な問題ではなかつたやうで、これは御歌所の再興や歌御会始といつた形に整へられましたが、書道（筆道）伝授は有栖川御流として皇嗣殿下まで継承されておいでです。この流れの御修練は是非ともお続けいただきたいのです。他にも皇室とともに発展してきた文化といふものは細かに見ればまだあります。この伝統の庇護者になつていただかなくてはなりません。

反論や不満を御述べになれない皇室

ところで、令和元年の夏に話題となつた名古屋の「表現の不自由展」をめぐつて、私なりの考へを述べておきます。実はこの議論には天皇に関する問題が一番重要な点なのですが、問題を整理しないとその問題の本質、焦点がぼやけてしまひます。この件を私は次のやうに整理しました。

㈠名古屋市で開かれた「表現の不自由展」に昭和天皇を批判し揶揄する創作写真が焼かれる映像や、所謂慰安婦少女像などが展示、展覧された。

㈡この展示にあたり文部科学省や愛知県、名古屋市などの地方公共団体から莫大な補助金が支出された。（のちに不支出として訴訟沙汰になつてゐる）

㈢展示内容に政治性、偏向的な表現などがあり、展観者に不快な思ひをさせた。

㈣右につき多くの問合せや抗議が寄せられた上に、暴力的に展示をやめよとの脅迫があつた。

㈤そのため、安全の確保のために、主催者側は急遽開催を一時中止とした。また公金を支出した名古屋市長は事前に展示内容の確認をしなかつた。

㈥これに対し、愛知県知事はこの度の中止は憲法の定める表現の自由に反し、事前の確認は検閲に当ると批判した。

㈦名古屋市長は知事の発言は不当であると反論をした。

㈧その後も実行委員との遣り取りがあつたが、十月になつて最後の数日を人数を制限して再開した。この措置は安全性の確保のためであつた。

ここから導かれる問題はいくつかあります。㋑暴力的な圧力による妨害（ただしなぜこのやうなことになつたのかといふ原因を見極めなくてはならない）。㋺公金の支出と、そのために検閲にあたるとのこと。㋩藝術作品とはなにか、といふ問題。㋥天皇・皇室、国家に対する問題、であります。

私が重視する問題点は特に皇室に関する揶揄展示と、自国の誇りに対する冒瀆展示の二点にあります。これを見落としてはなりません。これに「表現の自由」といふものがどこまで保障されるのか、藝術の名のもとに許される他への冒瀆、誹謗はどの範囲まで憲法は保障できるのかといつた問題があるのです。また公的で政治的中立でなければならない立場や場所で、公金を使用してできる限界はどこまでかといふことも挙げられます。重ねて藝術家としての品性、人間としてのあり方が問はれるのです。私はこれを自覚、認識できずに藝術家と自称し、自らの主張をする者の存在に驚きました。

いつの時代も反権力を煽り偏向的な内容を教唆し、時の権力を指弾しようとの動きはあります。そして、時の為政者が必ずしも正しいとは限らないのも事実です。政治の地軸は常に不安定で、それが移ることにより毀誉褒貶は生じます。見方によつては正しかつたり正しくなかつたりします。「表現の不自由展　その後」といふ名称からして、その趣旨に公立美術館で公開できなかつた作品を集めたといふ以上、何かしらの問題のあつた作品を展示したことになります。公立美術館で展示されなかつたとは、何かしらの理由があつてのもので、それを公金を支出してやつたことに大きな挑戦と政治性が巧みに隠されてゐたのではないでせうか。

憲法は表現の自由を認めてをります。しかし野放しに認めてゐるのでせうか。それは良心や責任といふものがあつての表現の自由です。私はいつも生徒に、自由は必ず義務を伴ふ、自由に振舞ふためにはそれ相応の義務をせよと話してをります。ここでも表現の自由は保障しますが、それによつて惹起される出来事に関しては各自が責任を負ふ覚悟をもたなければなりません。世論を味方にするか敵に回すか、主催者はクレエムに対してきちんとした論理で説明をするべきで、その藝術品の藝術品である価値を説明できることが要求されます。市長と知事の意見の食違ひについてはここでは述べません。今回のこの件は、これを企図した人には全てかうなることは見通しであつたはずです。あへて大騒ぎになる材料を故意に用意し、時の公権力なるものに排除され閉鎖された不自由を、自分を悲劇の主人公に仕立てて表現することに見事成功しました。我が国が本当に表現が不自由な国であるなら、企画者は既に国内追放か抹殺され、製作者は展示どころの問題ではなかつたはずです。さうならない安心感のもとで市長も知事も乗つかり踊らされたのです。そしてこの大騒ぎの蔭ですつぽり抜け落ちた皇室や自国の誇りに対する冒瀆の二点を、「負けるが勝ち」と誇る浅ましさです。藝術に関する誇りと品性があるのか否かを伺ひたいものです。

現在、天皇皇室に対しては嘗ての不敬罪も大逆罪もありません。過剰な反応が、何も物を言へぬ皇室にしてしまひました。昭和三十五年、深沢七郎の小説が不敬であるとして襲はれる事件があつたりして、近年の週刊誌の記事に至るまで皇室に対する戦後の所謂ジヤアナリズムは「卑怯」でありました。上皇后陛下の嘗ての失語症などその表れでありました。内閣総理大臣が皇室の告訴権を持つてゐますから、簡単に訴へえられないことを承知してのことです。それは心が小さく、卑怯なのです。「いぢめ」が大きな社会問題となつてゐますが、「いぢめ」の病理がここにも見え隠れします。

この件に関して昭和六十一年に富山県であつた昭和天皇の御肖像と裸婦の写真を重ね合はせた「遠近を抱えて」と題する醜悪な美術作品の事件が思ひ出されました。展覧会後に問題化したこの作品は、これを掲載した図録が、抗議のもと県側の判断により焼却処分されました。唯一つ県の図書館に寄贈された一冊は、暫く閲覧が停止されてゐましたが、その公開初日に富山の神職が閲覧請求をし、その頁を破り捨てました。その方は本の頁を破いたことにより器物破損の罪を負ひましたが、作者の皇室に対する不敬は不問とされました。その時天皇個人や皇族は、誰からどのやうに誹謗中傷されてもその相手を訴へ罰することができない御存在であるといふ悲しい結果がわかりました。今回の展示にもまた同じ作者が、過去の事件を踏まへて昭和天皇の肖像を「燃やし」灰を踏みつける映像を通じて、三十年前のことを再表現したのです。本人は自分の顔と言つてゐるさうですが、この作品が「遠近を抱えてパートⅡ」と題することから、その連続性は疑ひもありません。この執拗な態度は恐るべきものでありまたその心根は醜悪なもの以外のなにものでもありません。

国民の中には皇室に対して私共と違ふ独自の考へや思想を持つてゐる人もゐますし、さういふ政党もあります。それもかまひません。自分が醜悪な作品を見聞きしなければよいだけなのです。反権力であるならそれを徹底して貫くべきで、公金など不要であると断るべきでありませう。彼らが自分たちでどこかの展示場を借りてやる分には誰も何も言はないでせうし、それをも中止に追ひ込むといふならそれこそ検閲以上の恐るべき全体主義でありませう。今回は公金が動き、また皇室問題が関係してきました。そのことを作者はきちんと伝へ、その批判にも向き合ふ必要があるのです。美術、文学や科学も政治性を帯びると普遍的なものを失ひ、一方的なものに流れていきます。そこにはイデオロギイとしての思想があつて、藝術としての感動はなかなか生まれないのではないでせうか。

不思議なことです。なぜ自らが生まれ、ある面不自由なく暮らしてゐる自国を貶め、また蔑むのでせうか。そこから何が生じるのでせうか。世界情勢は刻々と変化をし、この武漢肺炎禍を通してどちらかといへば各地でナショナリズム、自国優越主義が芽生えてきてゐます。それなのに我が国はグロウバル化に乗り遅れまいと、五輪をよい機会に捉へて英語教育に力を入れたりしてゐます。しかしそのうちこのグロウバル化が間違ひであり、鎖国状態が貧しい中にも幸せがあつたと思へる時代が来ると思ひます。

今回のこの展覧会の問題は天皇・皇室に対する問題としてあらためて考へる契機になりました。皇室を御護りするのは我らであるとの自覚を持つとともに理論武装が必要となるのです。

皇室と和歌表記の伝統

令和二年の正月には宮中において御代初めの奏事始、講書始、歌会始などの恒例行事が行はれました。長らく御病気御療養中と承つてゐた皇后陛下にも出御遊ばされました。新御代においても諸事恙無くおいでであることを有難く思ひます。

殊に歌会始には「望」の勅題のもと、御製、御歌を賜り、校舎に響く子供らの声からその幸を望まれ、また被災地への若き力への希望を御詠みになるなど、御代初めの思ひを歌にお託し遊ばされました。どの新聞も伝統をお守りになる姿と記してをりましたが、文語を用ゐ、歴史的仮名遣ひで詠むといふ、実は一番重要なことに触れてゐるものがありませんでした。宮中に於ける和歌の伝統については多くの識者が書いてゐますが、実はこの文語と仮名遣に重要性があるといふことに言及したものはありません。文語の表記と歴史的仮名遣ひ、さらに申せば縦書きの書式もありますが、この伝統をきちんとお守りになつておいでであること、その範を国民にお示しになられてゐることに気づかなくてはなりません。

選者や入選の歌にはこの点に欠けたものがいくつか見受けられますが、これは極めて残念なことです。陛下の思召しによるのか、または選者の考へなのか、いつの頃からか海外からの詠進歌や十歳台の高校生の歌が採られてゐます。今年は海外はありませんでしたが、高校生の歌はありました。若者への詠進の励みになるとも考へられますが、当然のことながら口語の歌であつて、仮名遣には関係のない語句が並んでをりましたので気にはなりませんでしたが、いづれ選者の好みで現代仮名遣の若者の歌が預選歌となることもあらうかと思はれます。ただこれは少し考へものでもあります。私は詠進はもちろんのことですが、この文語と仮名遣の二点は慎重にありたいと思ひます。殊に文語文法はもはや実生活には存在しないものとなつてをりますが、作歌には必ずこの学習が重要なのです。日頃無意識ではあるものの、時折新聞の見出しや、車内の吊広告などに見受けられ、まだ感覚としては文語は健在であります。

この歌会始の歴史は古く、鎌倉中期には行はれてゐたと言ひ、判明するところで室町の頃まで遡ります。月々の宮中の歌会の中で、特に正月に行ふものをこのやうに称してをり、予め出された御題を詠む兼題と、その場で出された当座題とで詠みました。当時は宮中や院（仙洞）でも行はれてきました。明治以降は文学御用掛を設けられ、また御歌所を再興されて、その事務を司らしめ、国民の詠進をも允許されて今日に至つてをります。民の暮らしや生活を、歌を以て聞こし召される伝統は今もなほ続いてゐるのです。戦前は御歌所がありましたから、毎月に歌会が開かれ、折々に御製や御歌を下されましたが、戦後は宮内省が改革されて御歌所が廃止となつて、それを掌る部署がないため、毎月の歌会も開かれてゐるのかわかりません。毎年の選者の顔ぶれも気になりますが、選者を決めてそれに依頼して詠進歌を選ぶのではなく、宮中の伝統に則した御歌所の復活と勅撰和歌進が撰進されることを念じてやみません。

また、天皇や皇族の歌を我々が拝する心構へとして、御製や御歌にはその御身位によるものがあつて、臣下が詠めぬ「帝(みかど)ぶり」なるものがあることを承知しておかねばなりません。御歴代の天皇が「わが世を守れ伊勢の神垣」「荒き波風心して吹け」などと御詠みになられてゐますが、これなどは伊勢の神宮や自然現象に対して、天皇であるから詠める歌なのであります。ですから歌の解釈にあたつても御身分を考へた上でするべきなのであります。今回秋篠宮眞子内親王殿下の「望月に月の兎が棲まふかと思ふ心を持ちつぎゆかな」のお歌に対して、取るに足らない不用な解釈がされてゐることを聞き、驚きました。これは月に兎がゐると信じた童心をいつまでも失ひたくないものだとの御感慨を御詠みになられたものであつて、科学が進歩した今日でもなほ日本人が持ち伝へて来た月に対する素朴で、且つ美しい感情を失つてはならないとのお諭しと承るべきもので、それ以外の解釈はあり得ないものであります。このやうな歌の解釈の心を考へずに、世俗の出来事に関連させて、曲解してゐては歌そのものが理解できなくなるのです。

国民意識の変化

平成三十年の夏に神社本庁で行はれた御代替はりに関する教学研究大会の記録を読んで、

この三十年の間で変化した国民の皇室に寄せる思ひ、天皇観についてあらためて考へることがありました。当然のことながら、それはよい意味としての変化と考へられてゐます。

前回の御代替はりの折は過激派による神社の焼き討ちが頻繁に起こりました。「即位礼大嘗祭粉砕」の掛け声は何の憚りもなく聞こえてきました。教育の場である学校においても教師は組合の指示に基づき元号使用拒否、国旗国歌反対と皇室や国家に対する反対運動を繰り広げてをり、一種の緊張感がありました。当時二十七歳であつた私もこのやうな性格から職場では何かしらの嫌な思ひをさせられました。しかし組合の指示を鵜呑みにして動いてゐた同齢前後の当時の若い教師に、今日会つて、三十年前の昔語りをしたところで、「そんなことあつたかなあ」といふ次第です。こちら側は記憶に鮮明です。彼らが真に自分の本心からそのやうな活動をしてゐたのなら、その記憶もありませうが、さうではないのです。そしてこれが一番タチが悪いのです。この変化はある意味で組合が弱体化されたことによるものなのでせうが、踊らされてゐた人々の存在があのやうな破壊的な環境を作つてゐたのかもしれません。深層にある国民性は動かないのでせうが、思ひがそこに到達しなかつたのが残念なことでした。

この仲間から教育委員会の課長や指導主事になつた者もゐれば、校長になつたものもゐます。嘗て国旗国歌反対を声高に叫んでゐた彼らは今はそれを指導する立場です。もともと信念がないし自分がない教師ですから、その状況に応じて簡単に変節（元来、節もない）できる風見鶏なのです。先程よい意味での変化と書きましたが、逆に何も思つてゐないのであつて、おとなしくなつただけであるのかもしれません。私が毎日接してゐる高校生も変はりました。三十年前の高校生は隠れて煙草も吸ひましたし、見るからに不良と呼ばれる連中もゐました。迷惑でしたが張り合ひもあつて、私には面白い存在でした。しかし今はあのやうな不良高校生をあまり見ません。そしておとなしくなつた高校生は逆に内に籠るやうになり、その心を容易に開いてくれない存在になりつつあります。大人も同じやうな変化があり、自ら物事を考へることを億劫がり、責任の転嫁ばかりが目立ちはじめてゐます。

時代が大きく変はつてきたことを実感します。それがよい意味なのか否かは、私にはまだわかりません。皇室を思ふ者にとつて、昭和天皇の崩御から平成の御即位までの一連の緊張感と不安とは、それを経験した者ではないとわからないかもしれません。それでもなほ、同じやうな思想を持ち、同様に活動してゐる集団が今日も存在してゐます。形を変へながらも蠢動をしてゐることを思へば油断はできませんし、愛知のかの展覧会をとつてもなほ理解しがたい同胞の存在を哀しむばかりです。

組合の指導によつて「天皇を讃美すると戦争に繋がる」と教へられてきた世代も、その天皇が戦跡を巡礼される慰霊の旅を繰り返された事実と、戦禍に遭ふことのなかつた平成の御代のことを思ふと、その教へが如何に安易で空虚なものであり、虚偽のものであつたかを知つたのであります。もはや我が国は自分から好戦的に戦ひを始めることはないと確信しますが、近年の過剰化する近隣諸国の軍事的な動き、挑発などを見てゐても、実に不安な状況にあつて、いつ向うから仕掛けられるか、海彼の国から何かが飛んで来る可能性は十分にあるのです。自国の政治はもちろんですが近隣諸国の愚かに等しい政権の失策が我が国の有り方に影響を及ぼすことがあつてはなりません。

このたびの御譲位から始まり、一連の御即位関係の諸儀が昭和の例とは違ひ、平成度の前例を受けつつ、現憲法下の二度目の国の盛儀として行はれるたことは、本義に照らし細かな点では不満はあるもののまづは有難いことでありました。そして、あと一年遅かつたなら、この武漢肺炎禍の影響を受けて全ての儀式がどうなつてゐたかを思ふと背筋が凍る思ひを致します。やはりこれも神慮でありました。

付編　皇室と靖國神社の問題

靖國神社と中曽根元首相

令和元年末に、中曽根元首相が亡くなりました。新聞などに掲載された記事には首相として内政外交の両面における評価が記されてをり、死人に鞭打つことのなきやうな穏当なものでありました。ただどの新聞も「靖國神社への公式参拝をした」とのみあつて、それがその後どのやうな状況を生んだのか、彼の風見鶏と評される軽率な行為が、我が国の尊厳をはじめいかに靖國神社を貶め、国益を損なつたのかといつた、実は重大な過誤についての論評を避けてゐたことに不満と疑問が残りました。靖國神社問題ではこの人が一番の罪人であり、墓に鞭打たれても致し方のないことをしでかしたのであり、この汚点は長く国民の心に刻み付けておかねばなりません。教科書問題もこの人の責に帰されるものですが、それに触れた論評はありませんでした。いかに目先のことのみに拘り、深謀遠慮がないとこのやうに後世に影響を残す大きな問題になるのです。大勲位菊花章頸飾授与などの話題もありますがもつての外ではないでせうか。彼を尊崇する政治家がゐる限り我が国はよくはなりません。爾来三十年余を経ても事態は改善されることなく、陛下の御親拝をもできない状況となつてゐるのです。晩節を汚した上に百歳まで生きた恥辱が彼にはないやうです。

戦後の首相による靖國神社への参拝は、終戦の三日後の八月十八日に東久邇宮稔彦王が参拝されて以降、幣原首相が二回、以後は独立後に春秋の大祭に参拝する形として定着してきました。八月十五日の参拝は三木首相が初めで、この時公私の問題が浮上し、「私人としての参拝」と明言したことに問題の端を発します。公私の別など不問にしておけばよかつたのです。これを受けて中曽根氏は私人ではなく、公式に参拝をする、そのために憲法に抵触しないやうに神社としての宗教行為をしないし受けない、具体的には手水や修祓（御祓ひ）を受けない、二礼二拍手をしない、玉串拝礼をしないで、本殿で一礼する形で実施しました。これに異議を唱へる神社側と、また遺族会との応酬があり、松平宮司は神道儀礼に則さない参拝を毅然と拒んだものの、その圧力には屈せざるを得ませんでした。恩師の森田康之助先生が総代であつた関係から、私はこのことを松平宮司から直接聞いてをります。靖國神社創建以来はじめて修祓を受けないで本殿に上がつた人物が出たのです（神社としては蔭祓ひをしたと言ひます）。しかも天皇陛下同様に正面から靴履きのまま拝殿を通り、本殿へ参る形でした。本人は得意であつたのでせうが、すぐさま近隣諸国から非難の声が上がり、本来は内政干渉だと無視すればよいものを、萎縮して翌年の参拝を取り止めてしまつたのです。彼は軍務を経験してゐます。嘗ての知友同僚も御祭神として祀られてゐます。この恥辱は何にも代へがたいものであるはずですが、以来靖國神社へは背をむけて、その後の晩節を汚しました。この一点をあげても実に惨めであります。子息や孫が今も議員でゐるとのことですが、このことをどう考へどう対処するのか聞きたいものです。平成の終はり頃に天皇陛下の御親拝問題が取沙汰されましたが、決してこの人に批判は及びませんでした。不思議なものです。平成の御代は戦禍がない平和な時代でありましたが、靖國神社への御親拝もない時代であったのです。

天皇陛下の靖國神社への御親拝にむけて

令和の御代には是非とも天皇陛下、上皇陛下の靖國神社への御親拝を実現していただきたいものです。そのためにはなぜ御親拝ができない状況であるかを考へておく必要があります。そしてその障碍になつてゐるものを取り除く必要があるのです。

戦後、靖國神社は国家の管理を離れて一宗教法人として歩みだしました。戦後の靖國神社を支へたのは国民の奉賛と英霊の遺族会でありました。遺族会は一宗教法人である靖國神社をなんとか国家が管理する祭りの場にするべきであるとの、靖國神社国家護持法案をも作りました。国家のために殉じた英霊祭祀は国家がすべきであるとの立場であつて、これは至当なことであります。ただその場合は現行の憲法との関係で、神道の祭祀による神社ではなくなり、無宗教の靖國廟といふ空間となつてしまひます。明治天皇の思召しをもつて、神道祭祀の場として御創建された靖國神社のあり方を根本から覆すことになります。この考へは神社側のまた当然の抵抗もあつてなくなりましたが、靖國神社国家護持反対（実は靖國神社も御創建の思召しから反対の立場と言へるかもしれませんが）者は、この神社を国家が管理することは、いづれ戦争が起こつた時のために、戦歿者を祀る場を用意してゐるものであり、現行憲法の定める不戦の誓ひを無にする下準備だと批判しました。この考へは靖國神社と戦争といふものと一組とした考へで、現在も根強く残つてをります。戦前には、御祭神の英霊に天皇陛下が「御拝したまふ」唯一の神社であるとの認識のもと、出征の兵士たちは歿後の魂の安定を願つて、覚悟のもと散華されたことと察します。当然昭和天皇にはそのことは御自分の責務とお考へになられ、戦後もたびたび御親拝をなさいました。さて、国家護持反対を唱へた者は、この法案が廃案になると、その矛先を天皇陛下の御親拝の問題にすり替へました。「天皇の靖國神社参拝は、戦争で死んでここに祀られることの宣伝であり、戦争讃美である。天皇のために死ねとのことだ」と訴へたのです。

その後松平宮司の時に、厚生省からの手続きに従ひ、昭和殉難者が御祭神として祀られました。これを「A級戦犯（戦争犯罪人）の合祀」としてマスコミは報道しました。保守派の誰しもが既に唱へてゐることですが、冷静に「A級戦犯」とは何か、誰がいつどのやうなことで名付けたものであるかを考へねばなりません。敗戦により我が国は連合軍による軍事占領下に置かれ、そこで戦勝国による軍事裁判が行はれました。これは国際法に照らしても根拠のない不当な報復裁判に他なりません。「平和への罪」によりA級戦犯とされた軍人閣僚など当時の指導者は、本来占領解除後にその汚名を雪ぐべきであつたのです。今日から見れば確かに戦時下の指導者には世界の情勢を見抜く力が欠けてゐたのも事実かもしれませんが、窮鼠猫を咬むの喩へよろしく、当時としては大変に難しい世界情勢でもありました。占領下には戦禍戦災の後遺症は残り、国民の精神的な疲弊もあつたことで、そこまで考へが及ばなかつたのでせう。それを後になつて断罪するのはどうなのでせうか。先程の中曽根首相の参拝は、この所謂A級戦犯（昭和殉難者）に対してもなされたわけで、先の大戦で被害を受けたとする近隣諸国は、これを批判しました。二百四十六万余柱の中の数柱のことです。これに対し中曽根氏は抵抗も批判もせずに屈して、その後の参拝を見送ることにしたのです。ここに大きな後退の第一歩があつたのです。後に姑息な手段として分祀論が現れましたが、その後も毎年多くの国民が靖國神社に参拝してゐます。そこに祀られてゐるのは国家に殉じた英霊であり、戦勝国が裁いた一方的な戦争犯罪人の汚名のある御霊は一柱もおいでになりません。

外務省と国益

そんなことを考へてゐた令和元年の年末に、外交文書が公開され、その中に中曽根氏の公式参拝の数年後に、竹下首相が終戦記念日の靖國神社参拝を見送つたのは、外務省からの強い要望、謂はば日中首脳会談前に余計な波風を立たせたくないとの忖度があつたからとの報道がなされました。この頃から靖國神社問題は厄介物扱ひだつたのです。国益を損じたのはこの外務省の脆弱な拝外姿勢にもあるのですが、またそれを鵜呑みにした官邸の屁放り腰も問題なのです。嘗ての外務官僚には毅然とした人物がゐたのです。国益とは経済的なことのみではなく、独立国としての体面にあることがわからないやうです。この状況は今も変はりません。靖國神社に首相が参拝することは外務省にとつては迷惑なことなのです。これでは天皇陛下の御親拝などありえないこととなつてしまひます。まして外務省役人の天下り先が宮内庁であること、外務宮内官僚が相互に繋がりがあることが、実は重大な問題であるのです。平成のはじめに天安門事件で国際的な孤立に陥つた中共の招きに外務省は乗じて、政府までがこれ幸ひと、畏れ多くも天皇陛下の支那行幸を企画実行してしまつた大きな過誤があるのです。そしてまた令和のはじめには国賓として中共の習近平国家主席が来朝する予定でありました。これは武漢肺炎禍の拡大によつて延期になりましたが、中止とはなつてゐません。もし来朝があれば答礼として今上陛下の行幸をまた乞ふことになるのではないでせうか。武漢肺炎禍の発生問題や香港や台湾の問題がくすぶり、世界から不評を買つてゐる中共は、前例をよいことにして天皇の政治利用を企んでゐることは明らかであり、二の舞を踏んではなりません。これは何としても阻止せねばならないことであります。

我が国に戦争犯罪人はゐるのか

昭和天皇は最晩年に靖國神社に対して「うれひはふかし」と御詠みになつてをります。

この年のこの日にもまた靖國のみやしろのことにうれひはふかし

（昭和六十一年八月十五日）

一説には当時の側近に所謂「A級戦犯」（昭和殉難者）を祀つたから自分は行かない（行けない）とお漏らしであつたとも言ひます。しかし、これはなかなか納得ができるものではなく、あの実直でいらした昭和天皇が、祀られた数人の昭和殉難者のために二百四十六万余の他の英霊を無視されることはありますまいし、その昭和殉難者に対しても個人的には人物の好悪はあらうとも、天皇の御身位は個人ではなく、意に介されないものと拝察します。本来は親拝したいのだが、中曽根氏以来の近隣諸国との関係、または天皇としての御自分の参拝が、天皇への批判、ひいては皇位といふものまでに及ぶのではないかとの御軫念によるものと拝察するのであります。その後小泉首相が五回、安倍首相が一回参拝しましたが、環境は改善されることもなく、さらに別のことで悪化してゐるものと思ひます。同様に国内にも天皇の靖國神社参拝反対の声は根強く残つてゐて、政治と関連して取沙汰されてゐます。天皇の参拝は徴兵制の復活を念頭においたものだとのあり得ないことが声高に唱へられてゐます。どうもさうなると穏やかではありません。私は国民みなが納得、承知した環境のもとで御親拝はなされるべきものであり、政治的な禍根を残してはならないと思ひます。

そのためにはまづは政治家は「Ａ級戦犯」とされる人物の名誉恢復にむけて努力するべきであります。国家として我が国に戦争犯罪人はゐないことを明らかにすべきであります。

そして、靖國神社が明治以来の殉国の英霊を祀る祭祀の場であることをきちんと説明し、戦争準備の施設などではありえず、そこへ国民を代表し首相が参拝することに、なんら疑義はなく当然のことであると胸をはつて説明すればいいのです。またその参拝が神道の儀礼によつたとしても、そこに一宗教を助長するなどといふことはなく、憲法に抵触しないと言明すべきなのです。戦後七十年を経てもなほ、近隣諸国から未だに過去の出来事で文句をつけてくることに対し、その戦後処理の過誤の反省を踏まへて、また別の意味で跳ね返す気骨ある政治力と判断力が必要であるのです。為政者は天皇陛下の御親拝に向けて身を挺して露払ひをすべきです。外務省はものを言はせない毅然とした態度をとるべきです。この覚悟ができた時に天皇陛下の御親拝は実現できるのです。これは残念ながらまだ時間がかかることでせうが、これを熱祷して亡くなつた人もゐます。民族の矜持にかけて必ずや実現しなくてはならないのです。

あらためて勅使御差遣の大御心を拝せ——靖國神社宮司発言に寄せて

神宮外苑の絵画館に「岩倉邸行幸」と題する一枚の絵があります。瀕死の岩倉具視の所へ明治天皇が行幸された絵です。折しも七月十九日、猛暑の最中で、冷房などない時代ですから、岩倉家では何本もの氷柱を部屋に立て、陛下をお迎へしました。氷柱を立てても部屋の温度はそれほど下がりません。寝間着を着替へられない具視はその蒲団の上に袴を置き、せめてもの不敬のないやうにし、細君に後ろから押し起こされて、廊下側から立つて具視を見舞ふ陛下の方へ合掌してゐる絵です。細君が平身低頭して具視を押し起こしてゐる姿が場の臨場感を湛へてゐます。この一枚の絵は君臣の紐帯を如実に示すとともに、天皇の行幸を仰ぐことが実に恐れ多いことであることを語つてゐます。迎へる側の凄まじいほどの恐懼の念を臨終近い只ならぬ雰囲気とともに描いてゐます。若き日にこの絵を見て以来、行幸を仰ぐことの大きな意義を何度も反芻してをります。

靖國神社の天皇陛下御親拝問題が急浮上したのは「週刊ポスト」(平成三十年十月十二、十九号)に「陛下は靖国を潰そうとしてる—靖国神社トップが皇室批判」と題して書かれた記事にあります。靖國神社の当時の小堀宮司が皇室、ことに天皇陛下の批判をしたといふ記事であります。この記事を読んだ時には大きな驚きを禁じえませんでした。小堀宮司は伊勢の神宮の禰宜を以て退職、暫く神社界から離れてゐた方でしたが、徳川宮司の急な辞任によつてその後を襲職されたのであります。

この記事の驚愕の一つは靖國神社の宮司の発言としてあるまじきものであることがその第一でありますが、第二にこれが世に公開されるべきものではないはずの神社の内々の記録がこのやうに公表されたといふ事実であります。ここには靖國神社の職員に関しての大きな問題があり、これがある面で国民の靖國神社に対する不審に繋がる問題となるのは必至でありました。もし宮司に対しての不満があるなら、自らの名を出して公表すべきでありました。内部の問題をさらけ出した罪はまた大きいのであり、これこそが靖國神社の内部でおきてゐる真の大問題なのかもしれません。記事によれば小堀宮司は新帝の践祚まで半年近くなつた今に、なほ今上陛下の御親拝のないことを憂慮しての発言であつたやうですが、内々の会議であるにせよ靖國神社の宮司であるとの立場を顧ないあまりにも過激で不遜の至りの発言であつたことは明らかであります。あへてここに転載するのも憚られるものであります。

靖國神社の宮司になつた以上は新帝の践祚までの間に今上陛下の御親拝を仰ぐことが大きな務めであるとの認識とそれがうまくいかない焦りとをも抱いてゐたことはよくわかります。併しながら靖國神社に「御親拝を仰ぐ」といふことがどれほど大きな出来事であるかといつた認識も必要であつたやうです。いまここで宮司個人を責めてもなんら問題の解決にはいたりません。そしてこのことは靖國神社が政治的におかれてゐる現状をあらためて浮き彫りにした結果となりました。私どもはこの問題をあらためて考へるべき契機としたいものです。

靖國神社ほど戦後の慰霊祭祀と政治の間（政教分離問題）に翻弄されて来た神社はありません。靖國神社を軸として捉へれば様々な問題が浮上し、それが戦後日本の実に歪な姿であることがわかり、思想の問題上でも簡単には済まされないものがあります。戦後とは申せ七十年を越え、御創建百五十年の半分になります。毀誉褒貶甚だしい歴史の中で平然と祭祀が揺るがずに継続されてきてゐる事実をまづは有難いことと思ひ、これを護持してきた神職の尽力に思ひをいたさねばならないと思ひます。そして、そもそもの政教分離問題がいつの間にか所謂昭和殉難者合祀のことに摩り替はり、天皇陛下の御親拝は難しいなどとの雰囲気になつてゐますが、あらためてこのことを考へ直すべきであると思ふのです。

靖國神社には春秋の二度の例大祭に勅使を御差遣遊ばされることが常典となつてをります。年に二度勅使が参向される神社は靖國神社しかありません。この重みをしかと考へる必要があるのです。

靖國神社（当時は東京招魂社）に初めて勅使の御差遣があつたのが御創建の招魂祭のあつた日の翌、明治二年六月二十九日のことであり、勅使は五辻安仲でした。以来一月の大祭に勅使を毎年御差遣になり、明治六年には太陽暦の採用によつて、新たに大祭の日が年に三日定められ、その十一月六日の例祭に毎年勅使の御差遣を御定めになられ、この時は大掌典橋本實梁が参向仰せつけられたことが『明治天皇紀』に見えます。翌七年一月には明治天皇が初めて御親拝なさいました。以来、勅祭としてこの十一月の例祭日に勅使を御差遣になることが常典となりました。大正元年の年末に、大祭を年三度から二度に定められ、春秋の大祭の日が四月三十日（日露戦役陸軍凱旋日）と十月二十三日（同海軍凱旋日）と改められ、大正天皇の大御心を受けて爾来年二度の勅使参向を仰ぐことになりました。また勅使の御差遣は例祭にのみ止まらず、新たな英霊の合祀祭の折にも御差遣遊ばされてをります。特にまた臨時合祀招魂祭の折には御親拝を仰せ出されてをります。占領下にはこの勅使御差遣の御沙汰はやみましたが、占領解除後の昭和二十八年十月の例祭に掌典室町公藤を御差遣になつたことは『昭和天皇実録』にも見え、これ以来は、従来通りの年二度の御差遣が再興となり、また常典として今に至つてをります。則ち、靖國神社への勅使の御差遣は御創建以来、崩御などの諒闇の年と、占領下の七年半とのやむを得ない事情のあつた年以外は必ず御差遣があつたことを重く考へるべきなのです。

私は『宮中祭祀』を書いた折に、この年二度の勅使御差遣の重さを知るべきであると書きました。世に陛下の御親拝こそあるべきであると主張する方もおいでで、その気持ちもわかりますが、年に二度の大祭に勅使を御差遣あそばされる大御心を拝察申しあげれば、勅使の御差遣を以て御親拝そのものであるとの陛下の思召しに至るのであります。このことを直視しその重さに気づくべきでありませう。平成三十年九月の社報「靖國」に私と同じことを國學院大學の藤田大誠教授が書いてをります。

ここであらためて勅祭の意味を考へる必要がありませう。勅使を御差遣なさる勅祭社は十六社ありますが、私は勅使参向の祭儀の主体は天皇陛下にあると考へます。神社の祭儀に勅使が参向するのではなく、勅使が天皇から差遣される（参向する）祭儀を神社が奉仕するのであり、天皇の御幣物を供へ祭文を奏することがその祭儀の中心の重儀にあたるのです。それゆゑ勅祭と申し上げるのです。このやうに考へると靖國神社の春秋二度の祭儀は天皇陛下御自らの思召しによつて例祭として行はせてゐるものであると考へるのであります。伊勢の神宮の祭祀も皇室伝来の御鏡を神宮に御預けになられて祭祀を行はせられてゐるのでありますます。この認識を神社職員をはじめ多くの国民がもたねばなりません。勅使の参向前には発遣の拝謁があり、奉納の御幣物を陛下が御覧になつて確認をなさいます。祭典終了後、勅使は奉告の拝謁をします。かやうに形としては御親拝ではないのですが、祭儀を御親祭あそばされてゐるのと同じ思召しであると拝察いたします。確かに御親拝は重儀であり、勅使の御差遣だけで十分であるとは申し上げられないこともあります。「ああ大君の御拝したまふ」と歌はれた大宮に祀られる、「我が国のために」尽くして殉じられた英霊にとつて、それは名誉なことではあつても当然のことではありますまい。まづは二度の勅使御差遣の御沙汰を畏こんだ上で、御親拝を仰ぐべく環境の整備に尽力せねばならないと思ふのです。ここを軽視すればそのうちに二度の御差遣など不要、明治の昔に戻り一度でいいではないかなどとの声も出るのではないでせうか。総理大臣の参拝とて様々な政治問題化する現今にどのやうにすれば天皇陛下の御親拝が叶ふのかこれは容易な問題ではありませんし、こと慎重さが求められます。

その点で天皇陛下（現上皇陛下）が国内外の戦跡を巡られ多くの戦歿者の慰霊祭祀に大御心を寄せさせ給うたことを思ひ参らせれば、そこにはおのづと靖國神社への御まなざしが伺はれるのであります。それは御社頭ではないにしろ御親拝同等の重儀であるのです。改元前に著名な保守派の女性が、靖國神社へ御親拝になさらないことに対して批判をされてゐる一文を産経新聞（平成三十年十二月三日）で見ましたが、実に本義を理解してゐない悲しい文章でありました。

私はあの八月に御譲位のお沙汰を拝し、様々なことを思ひ巡らした中に、御譲位後の靖國神社御親拝の思召しがあるのではと密かに考へました。天皇の御身位にあらせられれば必然的に制約を受けるものがあり、御歴代の御譲位の思召しはそこにあつたことに思ひ至つたのです。ただ現状では上皇陛下としても様々な制約があり、二重権威にならないやうな御配慮もなされるためこれも難しいものなのかと、今となつては考へてをります。

参考資料

即位の礼及び大嘗祭関係諸儀式等

名称	期日	場所
◎剣璽等承継の儀	令和元年（以下同じ） 五月一日	宮殿
◎即位後朝見の儀		宮殿
○賢所の儀	五月一日～五月三日	賢所
○皇霊殿神殿に奉告の儀	五月一日	皇霊殿、神殿
△御即位一般参賀	五月四日	宮殿東庭
○賢所に期日奉告の儀賢所	五月八日	賢所
○皇霊殿神殿に期日奉告の儀		皇霊殿、神殿
○神宮神武天皇山陵及び 昭和天皇以前四代の天皇山陵に勅使発遣の儀		宮殿
○神宮に奉幣の儀	五月十日	神宮
○神武天皇山陵及び 昭和天皇以前四代の天皇山陵に奉幣の儀		各山陵
○斎田点定の儀	五月十三日	神殿
（大嘗宮地鎮祭）	七月二十六日	皇居東御苑
（斎田抜穂前一日大祓）	九月二十六日	栃木県、京都府

儀式	期日	場所
○斎田抜穂の儀	九月二十七日	斎田
（悠紀主基両地方新穀供納）	十月十五日	皇居
○即位礼当日賢所大前の儀	十月二十二日	賢所
○即位礼当日皇霊殿神殿に奉告の儀		皇霊殿、神殿
◎即位礼正殿の儀		宮殿
◎饗宴の儀	十月二十二日、二十五日、二十九日及び三十一日	宮殿
◇内閣総理大臣夫妻主催晩餐会	十月二十三日	都内
○神宮に勅使発遣の儀	十一月八日	宮殿
◎祝賀御列の儀	十一月十日	宮殿～（赤坂御所）
（大嘗祭前二日御禊）	十一月十二日	皇居
（大嘗祭前二日大祓）		皇居
○大嘗祭前一日鎮魂の儀	十一月十三日	皇居
（大嘗祭前一日大嘗宮鎮祭）		皇居東御苑
○大嘗祭当日神宮に奉幣の儀	十一月十四日	神宮
○大嘗祭当日賢所大御饌供進の儀		賢所
○大嘗祭当日皇霊殿神殿に奉告の儀		皇霊殿、神殿
○大嘗宮の儀		皇居東御苑
悠紀殿供饌の儀	十一月十四日	
主基殿供饌の儀	十一月十五日	
（大嘗祭後一日大嘗宮鎮祭）	十一月十六日	皇居東御苑
○大饗の儀	十一月十六日及び十八日	宮殿

○即位礼及び大嘗祭後神宮に親謁の儀	十一月二十二日及び二十三日	神宮
○即位礼及び大嘗祭後神武天皇山陵及び昭和天皇以前四代の天皇山陵に親謁の儀	十一月二十七日、二十八日及び十二月三日	各山陵
△茶会	十一月二十八日	京都御所
○即位礼及び大嘗祭後賢所に親謁の儀		賢所
○即位礼及び大嘗祭後皇霊殿神殿に親謁の儀	十二月四日	皇霊殿、神殿
○即位礼及び大嘗祭後賢所御神楽の儀		賢所
（大嘗祭後大嘗宮地鎮祭）	令和二年二月二十八日	皇居東御苑

（注）

1　◎は、国事行為として行われ、◇は、政府主催行事として行われる。

2　○は、大礼関係の儀式、△は、大礼関係の行事であり、（　）書きは、儀式に関連する行事である。

3　名称及び期日については、変更があり得る。

立皇嗣礼関係行事等（予定）

名称	期日	場所
○神宮神武天皇山陵昭和天皇山陵に勅使発遣の儀	令和二年（以下同じ）四月十五日	宮殿
○神宮に奉幣の儀	四月十九日	神宮
○賢所皇霊殿神殿に親告の儀	四月十九日	宮中三殿
○神武天皇山陵に奉幣の儀	四月十九日	神武天皇山陵
○昭和天皇山陵に奉幣の儀	四月十九日	昭和天皇山陵
◎立皇嗣宣明の儀	四月十九日	宮殿
○皇嗣に壺切御剣親授	四月十九日	宮殿
○賢所皇霊殿神殿に謁するの儀	四月十九日	宮中三殿
◎朝見の儀	四月十九日	宮殿
○一般参賀（記帳）	四月十九日	皇居等
◎宮中饗宴の儀	四月二十一日	宮殿
○神宮御参拝	四月二十三日	神宮
○神武天皇山陵御参拝	四月二十七日	神武天皇山陵
○昭和天皇山陵御参拝	五月八日	昭和天皇山陵

（注）
1　◎は、国の儀式として行われる立皇嗣の礼の各儀である。
2　○は、皇室の行事である。

あとがき

もう十年も前になるが、展転社から『宮中祭祀』といふ小冊を出版した。天皇の御本質である祭祀といふものが、「皇室の私事」の一言で世の中に知らされずにあることに疑問を抱いたからである。まして国民が知らないことを良いことにして、陛下の高齢化を楯に祭祀の簡略化などが進められてゐることに警鐘を鳴らすためでもあつた。このやうな類書がないためか三刷までされてゐるが、この本の批評には私自身も驚いたことがあつた。

それは、一冊の本であつてもその評価が水と油、右と左といふやうに百八十度全く違つたものであつたからだ。ある人は「とても素晴らしく、宮中祭祀のことがよくわかつた」との感想を、またある人は「とんでもない、政治的宣伝の書であり、不快の思ひが残つた」といふ感想を述べてゐた。この両人が読んだ本は同じものなのだが、感想はお互ひに相容れないもののやうである。様々な考へや思ひがあることは当然としても、このやうに感想が両極端に別れたのは面白かつた。「素晴らしい」でも「とんでもない」でもいいから、皇室問題についてはまづ関心を持つてもらふことが大事なのだ。

その後、時代感覚が少しづつ変化したのであらうか、宮内庁はホウムペイヂで宮中祭祀についても触れるやうになつた。御譲位から改元、御即位、大嘗祭に至るまでのあの盛り上がりを思ふと、天皇、皇室に対しての国民意識もまた変化してゐるやうである。しかし、なんとなくわかつた気持ちになつてゐてもそれでもなほわからない国民は多い。そして無知や無関心が一番恐ろしいのだ。そんなことを思つてゐるうちに平成から令和への御代替はりがあつて、天皇・皇室が国民の関心の的になつたのであつた。

初代神武天皇から百二十六代、二千七百年に及ぶ、世界の中でも実に稀で、最古の王室（皇室）を戴くのが我が国であつて、その国民が自国の皇室について語れないのは実は大問題なのだが、それに気づかなかつたためであらう。私が宮中祭祀に関心を持つたのが國學院大學の在学中で、爾来皇室問題について自分なりに学んでは、書いたり語るなりしてきた。そして国民は無関心なのではなく、知らないのだといふことがわかつてきた。本来はさうあつてはならない国会議員の皇室理解度もかなり低いといはざるをえず、それでまともな議論などできやうはずがないではないか。そこから導かれる結果はなんとも低俗な理論であつた。

縁あつて大東塾・不二歌道會の機関紙「不二」に宮中祭祀の問題点と題して十四回、また皇位継承儀礼の問題点と題して十二回連載をした。もちろんそれ以外にも「神社新報」はじめ諸書に拙論を書いてきた。折しも平成から令和にかけての御代替はりの時であつて、また新たな様々な問題が生じたことを指摘してみた。これはそれなりに好評であつたらしい。

いま御譲位から始まつた一連の大礼諸儀が滞りなく終つたことを受け、すべてを再編輯して一本に纏め、次代へ向けての啓蒙の書にしてはどうかとのお誘ひをうけた。一機関紙であればその読者は限られてしまふので、これを広く世に知らせ、記録として残しておきたいとの思ひがあつたので、初出の原稿に大幅に手を加へてまとめた次第である。

全体を通して言へることは「皇位の尊厳」「天皇の本質」「祭儀の本義」「国柄の姿」などの国体の根本、基本に根ざすところが「日本国憲法」によつて曖昧にされてをり、明確に規定できずに浮遊してゐるといふことである。女系の問題も大嘗宮の板葺き問題も皇位や天皇の本義に立ち返れば自づと理解できるものではないかと考へてゐるがいかがであらうか。

文章の配列を意識しつつ整理をしたつもりであるが、削除する一方で、また加筆して所々に重複するものがあつたりするが、私の憂憤はその行間から読み取つていただけると思ふ。そして本書も、先の『宮中祭祀』同様に、原稿料も印税も一切辞退した。出版不況といふ中で少しでも安く版元に無理をかけないやうにして、世に広く普及させたいと思つたからである。もちろん私の家の家計も火の車であることは承知の上である。

最後に高森明勅兄のことを書いておく。高森兄との交際は大学入学後の時であつて、もう四十年近くになる。今以て兄の学識には学ぶところがあり、畏敬してやまない存在である。平成になつて間もなく、兄の呼びかけで拙宅を会場にして皇室法研究のささやかな会を毎月一回開いてゐた。兄はそのころから女系をも含めた皇位継承といふことを力説されてゐて、はじめのうちは私もそれをよしと考へたこともあつた。しかし自ら調査研究をしてゐるうちに、この一点はどうも譲れない、男系維持が好ましいと確信するやうになつていき、兄とはこの点に関して残念ながら考への相違を生じてしまつたのである。それでも私にとつては尊敬すべき高森兄であり、なんとも言へぬ実に複雑な思ひを抱いたまま今に至つてゐる。

一冊と成るに及び拙い原稿を毎回掲載してくださつた大東塾・不二歌道會の福永武代表に御礼を申し述べるとともに、編輯にあたり『宮中祭祀』についで、またお世話になつた展転社の荒岩宏奨社長に感謝いたします。

いま稿なるに及びただ一言、「すめらみこといやさか」を熱祷し奉ります。

令和二年　夏のはじめ

柿之舎　中澤伸弘

中澤伸弘（なかざは　のぶひろ）

東京都生まれ。号は柿之舎（かきのや）。

現在東京都立科学技術高等学校主幹教諭（国語）、博士（神道学）。

昭和六十年國學院大學文学部文学科卒業後、東京都高等学校教諭。國學院大學文学部兼任講師（平成六年～十三年、二十七年～現職）、國學院大學日本文化研究所共同研究員を六年歴任。研究対象は国語教育及び国語学史、国学及び国学思想史、近世後期和歌と和学者、祭祀学、書誌学など広汎。高校教諭として教鞭をとる傍ら、国学と歌人、またそれに関する書物の蒐集と研究とを深め、その成果を論文などに発表してきた。また歌人山川京子（「桃」主宰）に二十年間師事。

主な著書は『徳川時代後期出雲歌壇と国学』（錦正社）、『やさしく読む国学』（戎光祥出版）、『毀誉相半書このてかしは』（平田篤胤顕彰会）、『図解雑学日本の文化』（ナツメ社）、『宮中祭祀』（展転社）、『一般敬語と皇室敬語がわかる本』（錦正社）、『小笠原壽久翁評伝』（八甲田神社）、『大社町史』中巻（出雲市　部分執筆）、『出雲地域の学問文芸の交流と文化活動』（今井出版　共著）、『村上忠順論考』（私家版）、『類題鰒玉集人名総索引』（私家版）など多数。関係論文も多い。

令和の皇位継承
諸問題と課題

令和二年九月六日　第一刷発行

著　者　中澤　伸弘
発行人　荒岩　宏奨
発　行　展　転　社

〒101-0051　東京都千代田区神田神保町2-46-402
TEL　〇三（五三一四）九四七〇
FAX　〇三（五三一四）九四八〇
振替〇〇一四〇―六―七九九九二

印刷　中央精版印刷

定価［本体＋税］はカバーに表示してあります。

ISBN978-4-88656-511-2